s° L⁄K
290.0A

MONOGRAPHIE

DE

L'ÉGLISE DE NONANCOURT

(EURE)

ET DE SES VITRAUX

Par Louis RÉGNIER

Correspondant de la Société des Antiquaires de France

SE VEND AU PROFIT DE LA RESTAURATION DE L'ÉGLISE

TYPOGRAPHIE FIRMIN-DIDOT ET Cⁱᴱ

MESNIL-SUR-L'ESTRÉE (EURE)

1894

MONOGRAPHIE
DE
L'ÉGLISE DE NONANCOURT

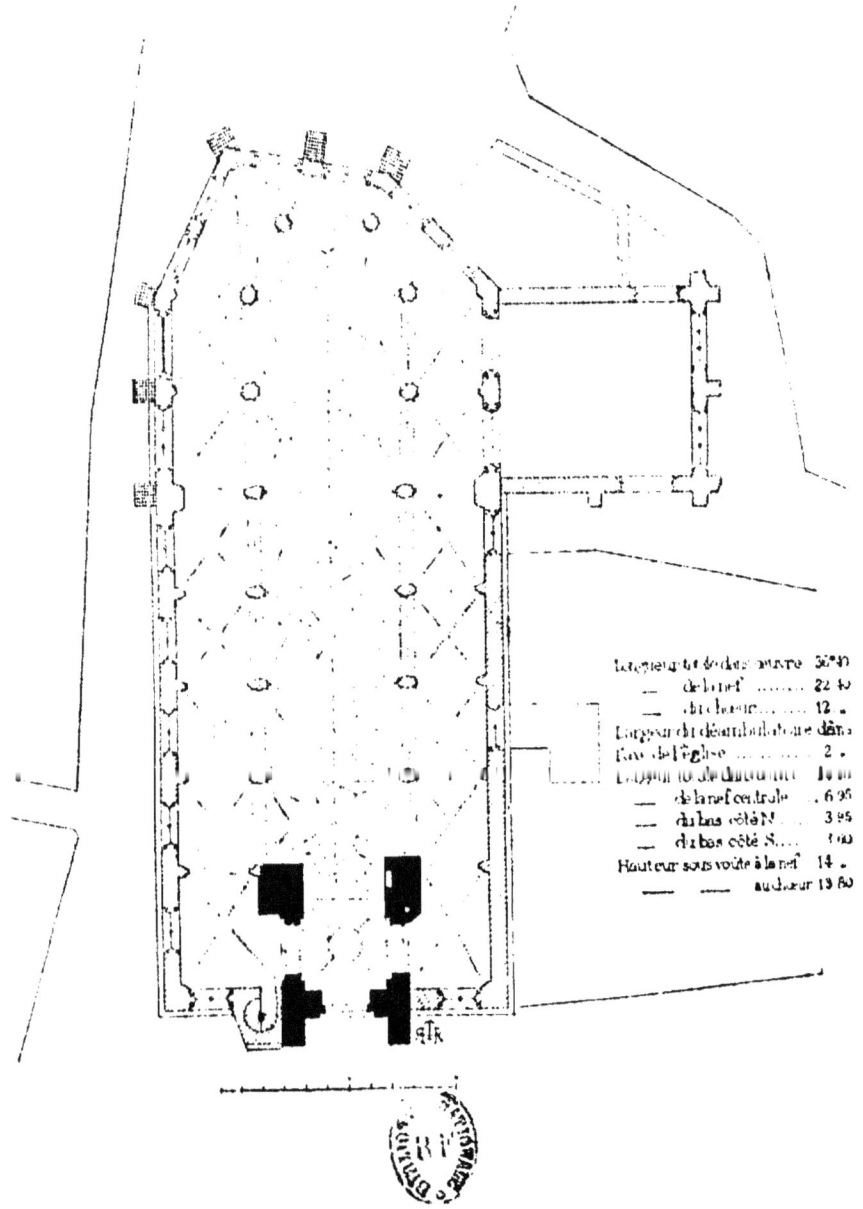

MONOGRAPHIE

DE

L'ÉGLISE DE NONANCOURT

(EURE)

ET DE SES VITRAUX

Par Louis RÉGNIER

Correspondant de la Société des Antiquaires de France

SE VEND AU PROFIT DE LA RESTAURATION DE L'ÉGLISE

TYPOGRAPHIE FIRMIN-DIDOT ET Cie
MESNIL-SUR-L'ESTRÉE (EURE)

1894

MONOGRAPHIE

DE

L'ÉGLISE DE NONANCOURT

Au bord de l'Avre, en un endroit où la jolie vallée de cette rivière réunit à la fois tous ses agréments, se trouve la petite ville de Nonancourt (1). Le pays est charmant : on ne le connaît guère cependant. Jusqu'ici, chacun semble s'être contenté du souvenir fugitif laissé par une bourgade riante et gaie, entrevue rapidement par les vitres d'un wagon, au milieu d'une nature verdoyante et fleurie. Une vieille tour ronde que l'on aperçoit comme accrochée au coteau, les toitures pittoresques d'une église à haute flèche d'ardoises, sont peut-être ce qu'il y a de plus précis dans ces réminiscences du voyageur, lorsque, par hasard, celui-ci est un archéologue. Les archéologues toutefois paraissent n'avoir jamais désiré en savoir davantage, et, si d'utiles renseignements ont été donnés sur l'histoire de Nonancourt, notamment par Auguste Le Prevost et ses éditeurs (2), les monuments eux-mêmes ont été singulièrement négligés (3).

---

(1) Chef-lieu de canton de l'arrondissement d'Évreux (Eure).
(2) *Mémoires et notes de M. Auguste Le Prevost pour servir à l'histoire du département de l'Eure*, recueillis et publiés par MM. Léopold Delisle et Louis Passy; t. II (1864), p. 476-491.
(3) Nous ne connaissons à leur sujet qu'un passage insignifiant de la *Normandie illustrée* (t. 1ᵉʳ : *Département de l'Eure*, p. 15, 1852).

Cet oubli peut d'ailleurs s'expliquer. Les fortifications de Nonancourt ne sont pas d'une importance exceptionnelle, et l'étude de leurs dispositions n'aurait pas pour résultat d'enrichir beaucoup la science de l'art militaire du moyen âge. Quant à l'église, elle appartient à une époque qui a laissé partout des spécimens nombreux et souvent beaucoup plus intéressants. Pour nous renfermer dans notre département, le portail septentrional de la cathédrale d'Évreux, la plus grande partie de l'église de Gisors, le chœur de Sainte-Foy de Conches, la façade méridionale de Notre-Dame de Louviers et la nef de Saint-Ouen de Pont-Audemer, élevés comme Saint-Martin de Nonancourt dans la première moitié du XVI° siècle, ont une tout autre valeur artistique que les trois nefs, le chœur et le déambulatoire de cette dernière église. Nous sommes cependant de ceux qui pensent que l'histoire de l'art n'a pas de petits côtés. On nous permettra d'ajouter que nous aimons passionnément nos monuments ruraux, même les plus modestes, et que nous voudrions les voir décrits et figurés dans un de ces grands ouvrages comme il arrive à chacun d'en rêver. L'église de Nonancourt, si inférieure qu'elle soit aux types dont nous venons de parler, ne laisse pas, en effet, d'avoir son originalité propre et de présenter des dispositions architectoniques très dignes d'être remarquées. Les bourgeois qui l'élevèrent mirent, en outre, tous leurs soins à la doter de vitraux peints, dont l'ensemble considérable mérite, malgré de trop complètes restaurations, toute l'attention des archéologues et des curieux.

I.

On a discuté l'origine de Nonancourt (1) et l'antiquité rela-

(1) Un versificateur de la localité, Jacques Delisle, avocat, dédia en 1633 aux maire, échevins et bourgeois de Nonancourt la *Nonancuriade*, « poëme héroïque » dans lequel il raconte l'origine fabuleuse de la ville, fondée par Nonus, Troyen chassé par les Grecs. On ne trouve dans cette longue pièce,

tive des deux paroisses de la Madeleine (1) et de Saint-Martin. Un curé de la première église, qui s'était occupé de recherches historiques (2), tenait naturellement pour la priorité de sa paroisse, et cette opinion trouva un écho dans les *Notes* d'Auguste Le Prevost (3). Ce n'est pas à nous qu'il appartient de trancher la question, mais il nous paraît impossible de ne pas faire remarquer combien le simple titre de vicaires perpétuels dont durent se contenter les curés de la Madeleine est en contradiction avec une prétendue tradition que démentent, d'ailleurs, toutes les mentions des présentations faites aux XVe et XVIe siècles et rappelées dans le grand pouillé du diocèse d'Évreux dressé au siècle dernier (4). Il y est toujours question, en effet, ou de « la cure de Saint-Martin de Nonancourt » ou de « la cure de Saint-Martin de Nonancourt et de Sainte-Magdeleine, son annexe ». D'ailleurs, le vocable de Saint-Martin est, personne ne l'ignore, un de ceux sous lesquels ont été consacrées nos plus anciennes églises.

Quoi qu'il en soit, il est certain que les deux paroisses existaient simultanément dans le premier quart du XIIe siècle. En effet, par une charte non datée, signée à Touques, Henri Ier, roi d'Angleterre, donna à l'église d'Évreux, à Ouen ou Audin (*Audino*), alors évêque du diocèse, et à ses successeurs, *toutes les églises de Nonancourt*, avec les dîmes des champs, des moulins, des fours, et les autres revenus qui lui appartenaient, une charruée de terre et deux maisons franches dans le bourg (5). En vertu de cette donation, c'était l'évêque d'Évreux qui présentait à la cure de Saint-Martin de Nonancourt.

dont il n'existe que des copies modernes, aucune donnée historique sérieuse.

(1) La Madeleine-de-Nonancourt forme aujourd'hui une commune distincte. C'était d'ailleurs, avant la Révolution, une localité séparée de Nonancourt au point de vue civil.

(2) L'abbé Ledanois, qui mourut en 1872.

(3) On lit à la fin de l'article *Nonancourt* : « Cette notice a été presque entièrement refaite, grâce aux communications de M. le curé de la Madeleine-de-Nonancourt. »

(4) Arch. de l'Eure, G. 23 (7e vol.).

(5) « Omnes ecclesias de Nonancort et omnes decimas agrorum et molen-

L'église elle-même eut par la suite le titre ou le surnom de *fille aînée de la cathédrale d'Évreux*.

Un peu plus tard, en 1204, Philippe-Auguste accorda aux habitants de Nonancourt le droit de s'administrer eux-mêmes et leur octroya une charte de commune (1). A cette époque, on entreprit une reconstruction, sinon de l'église tout entière, au moins de la tour du clocher, qui subsiste encore aujourd'hui.

Trois cents ans après, au commencement du XVIe siècle, l'église, qui avait probablement beaucoup souffert de l'invasion anglaise (2), tombait en ruines : les paroissiens résolurent de la rééditier complètement. On se mit à l'œuvre, et dès l'année 1511, les bas-côtés étaient bâtis et la nef n'attendait plus que sa voûte (3). Restait le chœur, dont la construction et l'entretien incombaient, suivant l'usage, à l'évêque collateur et gros décimateur. Les paroissiens paraissent avoir fait auprès de Raoul du Fou (4) des démarches pressantes, mais, malgré sa réputation de grand bâtisseur (5), le prélat n'avait montré aucun empressement à se rendre à leur invitation. Son successeur, Ambroise Le Veneur (6), ne partagea guère plus

dinorum et furnorum reddituum meorum ejusdem ville, et I. carrucatam terre, et II. mansuras in burgo liberas et quietas ab omni coetuma. » Copie du XIVe siècle dans le *Cartulaire de l'évêché d'Évreux*, n° 14, fol. 10; — Arch. de l'Eure, G. 6. Cette charte a été publiée dans les *Notes* d'Auguste Le Prevost, t. II, p. 488.

(1) Publiée également dans les *Notes* de Le Prevost, t. II, p. 478, d'après une copie postérieure. Vilevault et Bréquigny l'avaient insérée dès 1769 dans le onzième volume des *Ordonnances des rois de France*, p. 289.

(2) « La ville et le château furent entièrement brûlés et ruinés lors de la descente des Anglais en Normandie sous Charles VI. Tous les habitants avaient quitté la ville, qui fut abandonnée pendant près de vingt ans (de 1424 à 1440). » (Le Prevost, *Notes*, t. II, p. 477.)

(3) Voir pièce justificative, en appendice.

(4) Évêque d'Évreux de 1479 à 1511.

(5) L'épitaphe de son tombeau, dans la cathédrale d'Évreux, le qualifiait de « magnificentissimus ædificiorum restaurator ». (Voir Le Batelier d'Aviron, *Mémorial historique des évêques, ville et comté d'Évreux*, publié par l'abbé Lebeurier en 1863, p. 142; Le Brasseur, *Histoire du comté d'Évreux*, 1722, p. 313; *Gallia christiana*, t. XI, 1759, col. 609). Mgr Barbier de Montault a remplacé à tort *restaurator* par *instaurator* (*Le prieuré d'Availles, de l'ordre de Grandmont (Vienne)*, ap. *Bull. archéol. du comité des travaux histor. et scientif.*, année 1885, p. 101).

(6) Évêque d'Évreux de 1511 à 1531.

l'enthousiasme des habitants de Nonancourt, désireux de compléter dignement l'édifice qu'ils avaient commencé à grands frais, et très probablement l'ancien chœur, qui n'était « que de caillou à chaux et sablon » et risquait de « tomber en ruine et décadence », aurait survécu quelques années encore, à l'aide de réparations continuelles, si une transaction n'était intervenue. En effet, le 12 septembre 1511, devant Jean Du Souché et Pierre Marguery, tabellions en la vicomté d'Évreux, les procureurs de l'évêque d'Évreux donnèrent « congé, permission et licence aux bourgeois, paroissiens, manans et habitans de la paroisse de Saint-Martin de Nonancourt d'abattre et démolir le chancel de ladite paroisse et église de Saint-Martin et icelui faire rééditier de neuf à la conformité de la nef de ladite église que lesdits bourgeois et paroissiens et habitans ont piéçà commencée à faire édifier à neuf, » mais aux « propres cousts et dépens » des habitants, sans que ceux-ci pussent rien exiger de l'évêque, « sinon autant qu'il lui plaira leur donner et aumosner, » sauf cependant leur recours contre les héritiers de Raoul du Fou (1). C'est alors que l'église fut achevée. L'adjonction, une quarantaine d'années après, d'une chapelle carrée au sud du chœur, fut le seul changement que le plan ait subi depuis cette époque.

En 1729, un accident grave obligea la fabrique à entreprendre des travaux assez considérables. L'un des piliers du chœur s'était écroulé pendant une nuit de la fin de janvier (2) et avait entraîné dans sa chute le quart de la voûte et causé des ravages dans les œuvres hautes de cette partie de l'église. L'évêque d'Évreux, Jean Le Normand, donna 1.000 livres pour aider aux dépenses (3), et la première pierre du pilier à reconstruire fut posée le 28 juin 1730 (4).

---

(1) Ce recours réservé semble annoncer que Raoul du Fou n'avait pas même entretenu le chœur des réparations nécessaires.

(2) Des notes manuscrites disent dans la nuit du 31 janvier au 1er février ; les registres paroissiaux disent le 30 janvier.

(3) Tradition et notes diverses conservées à Nonancourt.

(4) On lit dans le registre des actes de catholicité de 1719 à 1736 : « Le

Ces réparations ne furent sans doute pas suffisantes, car trente ans plus tard le chœur avait encore grand besoin d'être consolidé. L'évêque d'Évreux, Pierre de Rochechouart, qui venait d'être transféré à l'évêché de Bayeux, ne s'en était d'ailleurs nullement occupé. Sur les réclamations que les habitants adressèrent tant à lui qu'à son successeur, Arthur Dillon, l'ordre finit par être donné à Jacques Josset, entrepreneur de bâtiments à Évreux, paroisse Saint-Gilles, d'exécuter les travaux nécessaires. L'étendue en avait été déterminée dans un procès-verbal dressé les 9, 10, 12 et 13 décembre 1757 par deux experts nommés en justice, le premier, « Gabriel Le Chertier, architecte, demeurant à Conches, » pour l'évêque d'Évreux, le second, « Édouard-Jean Le Boullier, architecte, demeurant à Pontaudemer, » pour l'évêque de Bayeux. Il résulte de ce procès-verbal que les travaux, évalués à 3.990 livres, devaient s'appliquer aux murs, aux contreforts, aux arcs-boutants, à la charpente et aux toitures : il était cependant nécessaire de reconstruire en entier un compartiment de la voûte du chœur (1).

En moins d'un an, l'opération fut menée à bien, et le 21 octobre 1758, Gabriel Le Chertier ou Le Chartier et Maurice Voisin, architecte à Évreux, paroisse Saint-Pierre, s'acquittèrent de la mission que leur avait confiée le lieutenant particulier civil au bailliage d'Évreux de visiter la besogne du maçon Josset (2).

28 juin 1730, la première pierre du pilier qui a été renversé le 30 de janvier 1729, qui est le second du chœur de l'église de Saint-Martin de Nonancourt, a esté posée par M. Pierre-Annibal Douville, curé et doyen de Nonancourt, M° Pierre le Rouyer, procureur du roy des eaux et forests et du bailliage de Nonancourt, baillif de Saint-Remy et Saint-Lubin, etc., et M° Maximilien le Comte, avocat, baillif d'Illiers et maire de la ville de Nonancourt; et dans cette première pierre est enfermée une plaque de plomb sur laquelle est cette inscription : *Anno Domini 1730, Junii 28, fundamentum posuere senatus Nonancuriæ, procurator regius et urbis præfectus, medius inter ecclesiæ pastor.* »

(1) Original du procès-verbal aux Archives de l'Eure, G. 962.

(2) Arch. de l'Eure, G. 962. Dans leur rapport, ces experts approuvent complètement les travaux opérés ; ils constatent une augmentation de 1.010 livres sur les dépenses prévues par les premiers commissaires et concluent en di-

Enfin, à une époque toute récente, le chœur fut l'objet de nouveaux travaux, qui consistèrent dans la réfection complète de la voûte, dont une énorme pierre s'était détachée pendant la nuit du 15 au 16 septembre 1881. Ces travaux ont été dirigés par M. Cissey, architecte à Saint-André, qui substitua à la pierre les briques creuses inventées par M. Heurteau, d'Orléans. Les clefs de voûte seules furent conservées. Les dépenses se montèrent à 10.024 fr. 87, dont 6.662 francs furent fournis par les paroissiens et 2.000 francs par le département : la fabrique paya les 1.362 fr. 87 de surplus. Tout était terminé au commencement de l'année 1886.

II.

L'église comprend une nef précédée d'une tour carrée et accompagnée de deux latéraux, un chœur polygonal entouré d'un déambulatoire et une chapelle carrée faisant saillie au sud du chœur. Une seule porte, pratiquée sous la tour, donne accès dans l'intérieur de l'édifice, dont l'axe est un peu incliné vers le nord-ouest.

Le plan que nous venons d'indiquer ne présente qu'une particularité anormale : c'est le rétrécissement du déambulatoire derrière la travée centrale de l'abside, particularité qui se retrouve dans l'église voisine et contemporaine de Saint-Lubin-des-Joncherets. Mais le caractère principal de ce plan est assurément l'absence de transept. Les constructeurs des XVe et XVIe siècles sacrifièrent souvent cette partie importante des monuments religieux. Il n'y a pas de transept, par exemple, aux églises de Conches, du Neubourg et de Pont-de-

---

sant : « Nous estimons que Monseigneur de Rochechouart doit payer au sieur Josset ladite somme de 1.610 livres, par sa bonté et générosité ordinaire, ledit sieur Josset ayant fait les réparations dudit chancel, ainsi que les reconstructions, aussi solidement que si ledit chancel eût été entièrement fait de neuf... »

l'Arche (Eure), de Saint-Lubin-des-Joncherets, de Saint-Aignan de Chartres et de Saint-Laurent de Nogent-le-Rotrou (Eure-et-Loir), de Mortagne (Orne), de Saint-Jacques de Lisieux et de Pont-l'Évêque (Calvados), de Caudebec, de Longpaon à Darnetal, de Lillebonne, de Neuville près Dieppe, de Saint-Nicaise et Saint-Éloi de Rouen (Seine-Inférieure), de Montfort-l'Amaury, de Montmorency et du Mesnil-Aubry (Seine-et-Oise). Quelques-unes de ces églises sont garnies de chapelles le long des nefs et autour du rond-point. Dans quelques autres, on supprima les chapelles, en conservant le déambulatoire : de ce nombre sont celles de Nonancourt, de Saint-Lubin-des Joncherets, de Montfort-l'Amaury et du Neubourg. Mais le plus souvent, on se contenta d'arrêter les deux bas-côtés à droite et à gauche d'un sanctuaire polygonal, et cette disposition fut adoptée même pour des édifices assez considérables, tels que les églises de la Madeleine de Verneuil, de Beaumont-le-Roger (Eure), de Mortagne (Orne), de Saint-Jacques de Lisieux et de Pont-l'Évêque (Calvados), d'Arques et d'Aumale (Seine-Inférieure), de l'Isle-Adam (Seine-et-Oise). On sait, en outre, qu'elle caractérise la plupart des églises allemandes de la dernière période gothique.

La nef de l'église de Nonancourt comprend quatre travées et la partie carrée du chœur en comprend trois. Les grands arcs, en tiers-point (1), sont garnis de moulures aiguës et d'arêtes, et reposent sur des piliers dont le plan elliptique se trouve dissimulé par des fûts arrondis, des nervures pyriformes et des arêtes. Les bases de ces fûts et de ces nervures, vigoureusement profilées, sont ménagées à des hauteurs différentes, suivant la méthode en usage à la fin du moyen âge. Les piliers possèdent un chapiteau ou plutôt une sorte d'entablement composé de moulures évasées qui tantôt coupent les arêtes, tantôt sont coupées par elles. C'est ainsi

---

(1) Les travées étant de largeur sensiblement inégale, on fut obligé, pour placer toutes les clefs à peu près au même niveau, de réduire parfois le plus possible la brisure de l'arc.

que les fûts plus considérables placés du côté de la nef montent sans interruption jusqu'aux fenêtres hautes pour former par leur épanouissement l'ossature de la voûte.

Il n'y a pas de triforium. Les architectes du seizième siècle négligèrent souvent aussi cette galerie, qui constitue pourtant un important élément de décoration et dont l'utilité pratique ne peut guère être contestée. On ne trouve pas de triforium dans les églises de Dreux, de Nogent-le-Roi, de Saint-Lubin-des-Joncherets, de Saint-Éloi de Rouen, de Montfort-l'Amaury et de Saint-Pantaléon de Troyes, dans la nef de Gisors et dans le chœur de Saint-Étienne de Beauvais, tandis que, dans d'autres édifices religieux, à Saint-Ouen de Pont-Audemer et à Saint-Wulfran d'Abbeville, par exemple, la galerie de premier étage apparaît avec des proportions inusitées. Les fenêtres supérieures sont larges et divisées en quatre lancettes : leur remplage rappelle celui des fenêtres des chapelles de la nef de la cathédrale d'Évreux (1).

Tout en ayant une disposition très décorative, les nervures de la grande voûte n'offrent pas la richesse quelque peu exagérée des voûtes de Saint-Lubin-des-Joncherets, de Tillières, de Notre-Dame de Verneuil et de Mortagne. On y trouve d'abord les doubleaux qui séparent les travées, puis les deux arcs ogives croisés, des liernes, des tiercerons et enfin une longue nervure qui suit jusqu'à l'abside tout l'axe de l'édifice. Cette dernière nervure trouve son origine dans la voûte domicale de l'Anjou au treizième siècle, telle que celle-ci se montre, par exemple, dans le chœur de Saint-Serge d'Angers, et elle resta très fréquente dans cette province et dans le Maine jusqu'à la fin de la Renaissance. De petits culs-de-lampe ornés sont suspendus à la jonction des différentes nervures. Quant à la clef centrale de chaque travée, elle est dissimulée par un médaillon circulaire encadrant un écu armorié soutenu par des anges, des sauvages ou des lions, ou simple-

(1) La première fenêtre au nord est bouchée.

ment entouré de gras feuillages. Toute cette décoration sculpturale a conservé la coloration qu'on lui appliqua autrefois : seules les pièces héraldiques ont été systématiquement effacées. Cependant, la restauration récente a permis de restituer, dans le chœur, les écussons dont la trace était restée visible.

Conformément à une tradition liturgique encore respectée au seizième siècle, ainsi qu'on peut le constater, par exemple, à Saint-Jacques de Lisieux, à Pont-l'Évêque, à Saint-Léonard de Fougères et dans les cathédrales de Berne et de Fribourg, l'arc triomphal, c'est-à-dire le doubleau placé à l'entrée du chœur, a plus d'importance que les autres doubleaux. Il est, en outre, décoré dans sa partie centrale de pendentifs réunis par d'étroites arcades trilobées, dans lesquelles apparaissent de petits personnages nus tenant l'un une épée, un autre une sorte de bâton, tandis qu'un troisième, allongé la tête en bas sous la clef de l'arc, soutient une couronne formée de deux cordes entrelacées et au milieu de laquelle plane le Saint-Esprit. On voit, de plus, deux anges tenant des écussons non blasonnés.

Le chœur se termine par trois pans coupés, à chacun desquels correspond une double travée de déambulatoire. Cette dernière disposition, très simple et très logique, fut fréquemment appliquée au seizième siècle, et on la retrouve, avec plus ou moins de développement, à Saint-Germain d'Argentan (Orne), à Montfort-l'Amaury, à Houdan (Seine-et-Oise), à Chaumont-en-Vexin (Oise), à Saint-Séverin, Saint-Merry et Saint-Eustache de Paris. Nous avons déjà signalé l'irrégularité bizarre de la galerie pourtournante, qui se rétrécit subitement derrière la travée centrale. Les piliers, autrefois semblables à ceux de la nef, ont été enveloppés au siècle dernier d'un revêtement polygonal orné de longs panneaux rectangulaires, dont l'établissement fut sans doute nécessité par un besoin de consolidation. L'élévation des travées de l'abside est la même que celle des travées de la nef, avec cette différence que chaque fenêtre n'a que trois lancettes et que le grand arc placé au-dessous est nécessairement plus étroit. Comme la fenêtre centrale était destinée à recevoir un vitrail représentant Jésus en croix, on donna au remplage de cette baie une disposition particulière.

La voûte du chœur a des nervures plus multipliées que celle de la nef. Cette voûte est moderne, comme nous l'avons dit plus haut, mais les clefs anciennes ont, pour la plupart, été conservées. Elles n'offrent pas, d'ailleurs, un très grand luxe d'ornementation. Des couronnes de feuillage et des arabesques y servent de cadre à des écus portant les armoiries de Jacques Le Noël du Perron, évêque d'Évreux de 1646 à 1649, qui aurait, paraît-il, fait relever une première fois la voûte du chœur (1), celles de la ville de Nonancourt (2), les

(1) Tradition locale. On avait cru reconnaître sur la clef ces armoiries, qui se blasonnent ainsi : *Écartelé aux 1er et 4e d'azur au chevron d'or accompagné en chef de deux colombes d'argent et en pointe d'un croissant aussi d'argent; aux 2e et 3e d'azur au chevron d'argent accompagné de trois harpes d'or, deux en chef et la troisième en pointe*. L'écu restitué présente de nombreuses irrégularités.

(2) Elles s'y trouvaient certainement autrefois. C'est l'écu parti de Courtenay et de France, dont on constate l'existence dès la fin du quatorzième siècle sur deux sceaux de la commune de Nonancourt, exécutés en vertu d'une licence spéciale datée de 1395 (Cf. *Dictionn. de sigillographie*, par Chassant et Delbarre, 1860, p. 186) et dont l'un est encore conservé à la mairie. La maison de Courtenay, qui posséda au treizième siècle la seigneurie de Nonancourt, blasonnait : *D'or à trois tourteaux de gueules au lambel de cinq pendants du même*. Dans les deux sceaux en question, on supprima le lambel et on ajouta une étoile en cœur. Cette étoile est-elle d'argent, comme le croit Canel (*Armorial des villes et corporations de Normandie*, 2e édit., 1863, p. 193-196)? Nous l'ignorons et nous ne sommes pas davantage en mesure de dire si c'est à tort ou à raison que, dans les armoiries repeintes en 1883 à la voûte du chœur et dans celles apposées tout récemment sur le buffet d'orgues, les émaux sont intervertis de manière à ce que le champ soit de gueules et les pièces d'or, y compris l'étoile. Toutefois, nous croyons préférable la leçon fournie par le blason gravé dans le *Dictionn. histor. de l'Eure* de Charpillon et Caresme (t. II, p. 598), qui porte une étoile de gueules comme les tourteaux. L'origine de l'étoile n'est, d'ailleurs, pas connue, car seule la branche des Courtenay-Chevillon brisait son écu d'un croissant de gueules en cœur.

L'*Armorial général* de d'Hozier indique pour la ville de Nonancourt un écusson tout différent : *D'argent au chef de gueules chargé de trois fleurs de lys d'or*. C'est celui que Canel a considéré comme officiel, puisqu'il l'a reproduit en tête de son article sur les armoiries de Nonancourt.

armes de France (1) et les emblèmes de la papauté (2).

Les bas-côtés sont recouverts de voûtes sur croisée d'ogives pyriformes, dont les branches reposent, du côté de la muraille, sur des demi-piliers elliptiques. Ordinairement, aux quinzième et seizième siècles, les supports le long des murailles sont réduits le plus possible, et toute la poussée des voûtes est rejetée sur les contreforts extérieurs. Mais à l'église de Nonancourt, il n'y a pas de contreforts, et c'est ce qui explique la grande saillie donnée aux supports intérieurs. Cette absence de contreforts est due, d'un côté, au peu de largeur de la ruelle qui longe l'église au nord, de l'autre à la proximité des maisons. Dans le déambulatoire, les nervures retombent sur de petits culs-de-lampe engagés et ornés de feuillages frisés, d'un ange tenant un petit écu sans armoiries, d'un gros homme paraissant soutenir le poids avec effort. Malgré la fragilité de ces supports, on constate, avec étonnement, que les angles du déambulatoire n'étaient, pas plus que les murs des bas-côtés, pourvus de contreforts. Il y avait là quelque témérité à agir de la sorte, et on le vit bien par les accidents qui se produisirent, d'abord au milieu du dix-septième siècle (3), puis en 1729.

Autour du chœur, les clefs sont dissimulées par de petites rosaces découpées à jour, deux écussons frustes, un ange portant un phylactère, etc., le tout dans un style encore exclusivement gothique. Les clefs des bas-côtés de la nef, un peu plus anciennes, comme on l'a vu dans le bref historique que nous avons tracé de la construction de l'église, sont naturellement conçues dans le même style. Sur l'un des médaillons qui les décorent du côté nord, on voit une Vierge entourée d'une gloire, c'est-à-dire placée dans une auréole rayonnante et soutenue par des anges; sur un autre, on re-

---

(1) Elles ont été simplement repeintes.
(2) On a peint sur l'écu une tiare avec une crosse et une croix à triple croisillon disposées en sautoir.
(3) Tradition.

marque un cœur percé d'une flèche et entouré de la couronne d'épines; sur d'autres encore, un croissant surmonté d'une étoile, puis un écu bûché. D'après quelques légères particularités de leur ornementation, nous serions porté à croire que les voûtes du bas-côté méridional sont postérieures à celles du bas-côté nord. Les clefs n'offrent de ce côté qu'un seul sujet qui mérite d'être signalé : c'est l'agneau porte-croix qui se voit à la dernière travée, vers l'orient. Nous pouvons faire remarquer, en outre, l'épaisseur du doubleau qui sépare les bas-côtés de la nef des bas-côtés du chœur, au nord comme au sud. La raison liturgique n'y fut sans doute pour rien, et il est bien plus probable que l'interruption des travaux au moment des pourparlers entamés avec l'évêque Ambroise Le Veneur décida uniquement de cette disposition.

Des fenêtres en tiers-point, à un seul meneau et à tympan garni de cœurs, de soufflets et de mouchettes, éclairent les bas-côtés de la nef. Deux de ces fenêtres, à l'extrémité sur la façade, ont reçu récemment des verrières en grisaille. Les autres ont conservé leurs anciennes verrières du seizième siècle. Dans le déambulatoire, les baies offrent une disposition architecturale identique (1), mais celles qui éclairaient les bas-côtés du chœur étaient garnies de deux meneaux. Le remplage des deux fenêtres méridionales, supprimées quand on construisit la chapelle de la Vierge, fut transporté dans deux des fenêtres de la nouvelle construction : il se distingue par des formes arrondies, qui laissent sentir l'influence de l'art alors nouveau de la Renaissance. Au nord, une seule baie est restée ouverte (2) : elle est en plein cintre, par une exception unique dans la partie gothique de l'église, et son remplage, composé de trois lancettes, de deux soufflets et de deux mouchettes, ne présente aucun lobe. Cette fenêtre possède

---

(1) Sur les six fenêtres du déambulatoire, deux ont été condamnées : ce sont celles placées aux extrémités de la galerie.
(2) La seconde fenêtre était déjà bouchée en 1737, ainsi que le constatent les experts Le Cherlier et Boullier, qui n'en proposèrent pas le dégagement.

un vitrail ancien, mais ceux des fenêtres du déambulatoire sont modernes.

Vers le milieu du seizième siècle, on entreprit d'ajouter à l'église une chapelle de la Vierge ou du Rosaire, mais on renonça à la construire au chevet, comme il eût été naturel, et l'on choisit pour son emplacement le flanc méridional du chœur. Deux des travées du mur extérieur furent transformées en arcades et fournirent une communication entre l'église et la nouvelle construction : ce travail, fait sans soin, devait évidemment être parachevé. Dans son état actuel, la chapelle a la forme d'un carré presque parfait. Mais l'architecte, par un manque de pondération trop peu rare à cette époque, lui donna une élévation telle que le sommet des murailles atteint presque le niveau des murs goutterots du chœur. Cette chapelle recevait le jour par quatre baies en plein cintre, dont on dut réduire l'immense surface en les bouchant jusqu'à mi-hauteur. Deux seulement sont garnies d'un remplage composé de trois lancettes en accolade trilobée, de trois cœurs également trilobés et de quatre mouchettes, qui proviennent des deux fenêtres supprimées dans le bas-côté. Elles s'ouvrent sur la face méridionale; les deux autres regardent l'orient et l'occident (1). Le style de l'ornementation extérieure indique, à n'en pas douter, que l'architecte de la construction fut celui auquel est dû le beau chœur de l'église de Tillières. Mais l'intérieur est sec et nu. Une simple voûte en bois, malencontreusement enduite de plâtre, recouvre la chapelle, et l'on ne voit pas même, par la trace d'arrachements des nervures, que l'artiste ait eu l'intention d'élever, comme à Tillières, un riche plafond reposant sur l'ossature d'une voûte gothique. D'autre part, l'espace à couvrir était trop étendu pour que l'on ait pu songer à jeter un dallage sans nervures (2).

(1) Cette dernière est complètement condamnée.
(2) Les bourgeois de Nonancourt, dans cette entreprise, avaient trop présumé de leurs forces, car le manque de ressources paraît avoir été le seul

En avant de la nef, entre les deux premières travées des latéraux, s'élève la tour quadrangulaire du clocher, qui date de la première moitié du treizième siècle. Cette tour n'avait sans doute pas été voûtée à l'époque de sa construction. Aujourd'hui encore, le rez-de-chaussée est surmonté d'un plafond en bois, qui sert de support au buffet d'orgue. Ce fut seulement au seizième siècle que l'on établit, à une hauteur presque égale à celle des voûtes de la nef, une voûte portée par quatre nervures allant rejoindre la circonférence d'une ouverture destinée au passage des cloches. Le rez-de-chaussée de la tour est percé, en avant, de la porte d'entrée, et latéralement de deux arcades asssez basses, en tiers-point, à deux rangées de claveaux décorées chacune d'un biseau. Ces arcades ouvraient sans nul doute sur les bas-côtés de l'église primitive, et ce fait prouve que celle-ci, quant à la nef, avait la même largeur que l'édifice actuel. Du côté de l'orient, la tour communique avec la grande nef par un arc en tiers-point reposant sur deux culs-de-lampe ornés de grotesques, qui remplaça, au seizième siècle, une arcade du treizième siècle, sans doute un peu plus basse. La partie inférieure des contreforts de la tour est visible à l'intérieur de l'église.

III.

La tour occupe naturellement le milieu de la façade. Elle n'est pas parfaitement carrée, mesurant, à l'intérieur de la cage du beffroi, 4^m,10 de large sur ses faces E. et O., et seulement 3^m,90 sur les deux autres faces. Elle se trouve épaulée à chaque angle par deux contreforts assez épais, à plusieurs glacis en pierre de taille. Toute la face antérieure est d'ail-

---

obstacle à l'achèvement de la chapelle. Ainsi, au-dessus des bas-côtés, sur la face septentrionale du carré, on ne put pas monter en pierre le mur destiné à relier entre elles les trois culées d'arcs-boutants, qui avaient été en partie englobées dans la nouvelle construction, et l'on dut se contenter d'une mince clôture en pan de bois.

leurs appareillée en pierre, tandis que les trois autres côtés sont bâtis simplement en cailloux. Au rez-de-chaussée s'ouvre l'unique entrée de l'église, arc en tiers-point dont les trois rangées de claveaux sont ornées chacune d'un chanfrein et reposent sur des pieds-droits sans aucune colonnette. Toute cette partie de l'église, d'un aspect solide, se fait, du reste, remarquer par une très grande simplicité. Au-dessus d'une niche sans caractère, relativement moderne et qui abritait sans doute autrefois un groupe de saint Martin partageant son manteau, on voit une petite fenêtre en cintre brisé, dépourvue d'ornementation. L'étage supérieur est ajouré sur chacune des ses faces nord, ouest et sud d'une baie en tiers-point, dont les claveaux et les pieds-droits sont ornés d'un double chanfrein (1). Sur la face orientale s'ouvre une porte également en tiers-point, munie d'une feuillure et par laquelle on accède aux combles de l'église (2). Cette porte datant du treizième siècle comme les autres ouvertures de la tour, sa présence est une preuve que l'église qui a précédé le monument actuel avait une hauteur égale. On voit d'ailleurs fort bien, sous les combles, la trace laissée par les deux rampants primitifs sur la face orientale de la tour. Cette grande élévation de l'ancienne église confirme notre hypothèse de l'existence de latéraux le long du vaisseau central.

Le clocher octogonal en charpente qui couronne la tour a succédé, sous le règne de Henri IV, à une toiture probablement plus simple et moins aiguë. Comme les clochers de la Couture de Bernay et de Notre-Dame de Verneuil, il offre plusieurs petits clochetons en encorbellement, d'un aspect fort pittoresque, et il est muni, en outre, à sa partie inférieure, sur la face occidentale, d'une galerie en bois portée par des sablières ornées de mutules et d'une série de médaillons ovales garnis de fruits et de feuillages. Cette galerie se

---

(1) La baie occidentale est un peu plus large que les deux autres.
(2) Les combles n'ont rien de remarquable, et ceux du chœur sont tout modernes.

trouve abritée par une toiture en appentis dont les sablières reposent sur des potelets décorés de cariatides engaînées, sous la forme d'un homme barbu portant sur sa tête une corbeille de fruits. Ce motif d'ornementation appartient incontestablement au règne de Henri IV, car les vêtements et la barbe sont tels qu'on les portait alors. Il résulte d'une lithographie publiée il y a une trentaine d'années (1) que les parties pleines de cette construction accessoire étaient revêtues d'essente découpée (2).

A l'angle nord-ouest de la tour s'élève une tourelle d'escalier polygonale, qui a remplacé au seizième siècle une autre tourelle, probablement circulaire, élevée au treizième siècle. La porte d'entrée de l'escalier, qui ouvre dans la première travée du bas-côté nord, appartient, en effet, à cette époque. Chacun des angles de cette tourelle est muni d'un mince contrefort reposant en porte-à-faux sur de petits sujets grotesques. La partie inférieure de la tourelle est décorée d'arcatures en accolade ornées de crochets de feuillage. L'une de ces accolades est même formée très élégamment de deux branches de vigne entrelacées et portant des grappes de raisin. Une petite pyramide polygonale en ardoises termine la tourelle.

La place qu'occupe la tour dans le plan de l'église mérite d'être remarquée. On trouve dès la période romane d'assez nombreux exemples de tours sur la façade, notamment à Tosny (Eure), à Basly, Bazanville, Vienne, Colleville-sur-Mer (Calvados), à Saint-Quentin (Aisne), à Poissy, à Saint-Spire de Corbeil (Seine-et-Oise), à Évron (Mayenne), à Saint-Père de Chartres, à Saint-Porchaire et Sainte-Radegonde de Poitiers, à Saint-Benoît et à Meung-sur-Loire. Le fait était plus rare au treizième siècle, et cependant nous pouvons, outre l'église de Nonancourt, en citer deux exemples dans le départe-

(1) Collection publiée par Beuzelin, à Laigle.
(2) L'essente a été remplacée par l'ardoise à la suite d'un commencement d'incendie occasionné par la foudre en 1863.

ment de l'Eure, à Bray et à Ferrières-Haut-Clocher. Nous ne nous étonnons nullement qu'au seizième siècle les habitants de Nonancourt aient conservé l'ancien clocher de leur église, car l'emplacement qu'il occupait était alors très en faveur : c'est, en effet, en avant de l'église que s'élèvent les tours de Saint-Jacques de Lisieux, de Pont-l'Évêque, de Montfort-l'Amaury, de Saint-Martin d'Étampes, de Neuville près Dieppe, de Saint-Pierre de Coutances, de Notre-Dame de Mamers, de Guérande, de Saint-Riquier et d'Hazebrouck, qui toutes appartiennent au seizième siècle, et l'on en pourrait citer beaucoup d'autres, parmi lesquelles celles de la plupart des églises allemandes de la même époque (1).

Il n'y a aucune observation à faire sur les extrémités des deux bas-côtés de l'église, qui se voient à droite et à gauche de la tour, si ce n'est que la fenêtre percée dans l'axe de celui du nord est garnie d'une cimaise en accolade, ornée de feuilles frisées, de monstres, — notamment d'un Sagittaire bandant son arc, — qui repose de chaque côté sur une figure de vieillard tenant un phylactère.

La plus grande simplicité règne à l'extérieur des bas-côtés, qui n'avaient primitivement, comme nous l'avons dit, aucun contrefort. Rien n'a été changé pour les bas-côtés de la nef. Quant aux contreforts qui se voient aujourd'hui autour du déambulatoire, ils ne sont pas antérieurs au dix-huitième siècle, et leur établissement fut la conséquence forcée de l'augmentation d'épaisseur donnée aux culées des arcs-boutants.

Les contreforts qui épaulent les hautes murailles de la cha-

---

(1) La Lorraine est probablement la province française où l'on rencontre le plus de clochers élevés sur la façade. « La raison en est, dit M. Léon Germain (*Excursions épigraphiques. Mont-devant-Sassey*, 1888, p. 10, note 1), que ces clochers appartenaient à la *communauté* des habitants, aux frais de laquelle ils étaient bâtis et entretenus. » Pareille considération a-t-elle guidé les habitants de Nonancourt dans le choix de l'emplacement de leur clocher? Nous ne saurions le dire, tout en faisant remarquer que la construction de la tour actuelle dut suivre d'assez près l'érection de la commune, en 1203.

pelle du Rosaire offrent un type élégant et original que nous retrouvons à la chapelle méridionale de l'église de Tillières, au croisillon nord de Notre-Dame de Verneuil, au portail de Saint-Laurent de Verneuil et au bas-côté sud de Saint-Martin de Laigle. Là ne se bornent pas, d'ailleurs, les analogies de ces différents édifices, d'une parenté frappante. Si les contreforts comprennent toujours deux pilastres accolés dont les riches chapiteaux servent de base à des niches, les dais qui jouent le rôle d'amortissement sont invariablement composés de plusieurs édicules superposés, dans les arcades desquels apparaissent de petits personnages nus de l'aspect le plus profane. Mais ce n'est pas le détail peut-être le plus caractéristique, car l'architecte, — partout évidemment le même, — a montré une prédilection plus grande encore pour ces entablements placés tantôt au-dessous des fenêtres, tantôt au sommet des murailles, et dont la frise laisse sortir des personnages en buste aux attitudes et aux expressions variées (1). Le temps malheureusement a fait subir à toute cette délicate et fragile ornementation des outrages inquiétants.

Les fenêtres hautes de la nef et du chœur n'offrent à l'extérieur aucune décoration. Les arcs-boutants qui soutiennent les murs goutterots, au sud et au nord de la nef, ont une forme ondulée et se relèvent comme pour atteindre une corniche et des clochetons qui n'ont jamais été montés. Ceux qui règnent autour du chœur, bien que se rapprochant beaucoup des précédents, affectent une disposition légèrement différente. Il est intéressant de faire remarquer que les arcs-boutants qui épaulent les murs latéraux du chœur sont pleins, tandis que ceux placés de chaque côté de la nef et aux quatre angles de l'abside sont ajourés. Le sommet des culées est sobrement orné de frontons contournés, enrichis de trilobes et de fleurons. Toutes celles qui soutiennent les arcs-boutants du chœur

---

(1) La Renaissance affectionnait ce motif. On le voit employé jusque sur les rampants d'un fronton, au portail de l'église de Villemeux (Eure-et-Loir).

ont été en partie reprises et renforcées dans leur partie antérieure au dix-huitième siècle.

En montant sur les dallages inclinés qui recouvrent les bas-côtés de l'église (1), on constate, dans la première travée occidentale de la nef, du côté nord, l'existence à une époque ancienne d'une porte dont l'arc elliptique se voit encore, avec les moulures prismatiques et les gorges qui l'entourent, le fronton en accolade à feuillages qui le surmonte et les deux petits contreforts terminés en clochetons qui l'accompagnent. Comme les plans de l'église ne comportèrent jamais de galerie de premier étage, il est permis de supposer que cette porte était destinée à donner accès à l'orgue, qui pouvait être établi en encorbellement contre le mur de la première travée dont nous parlons. On remarque encore à l'intérieur deux corbeaux en pierre qui, joints à l'état de la fenêtre, bouchée peut-être aussitôt sa construction, donnent quelque vraisemblance à une telle hypothèse (2).

IV.

Le buffet d'orgues, installé dans l'arcade ouverte sur la face orientale de la tour, constitue aujourd'hui la pièce capitale du mobilier de l'église. C'est une menuiserie de la première moitié du seizième siècle, et la rareté des œuvres du même genre appartenant à cette époque est assez grande pour donner à celle-ci une réelle valeur. Elle vient, d'ailleurs, d'être restaurée par M. Haussaire, sculpteur à Reims, et les orgues elles-mêmes ont été complètement renouvelées

---

(1) Ce dallage a remplacé une couverture en plomb établie en 1581. (Notes ms. conservées à Nonancourt.)
(2) Il en résulterait que la tour était primitivement fermée sur ses quatre faces, puisqu'il ne pouvait y avoir place pour l'orgue à l'endroit qu'il occupe actuellement.

par M. Stoltz (1). Le buffet, dont l'élévation est rectangulaire, repose sur un soubassement orné de quatre figures d'anges placées sous des arcades cintrées et jouant de divers instruments (mandoline, orgue à main, harpe et violoncelle). Ce soubassement paraît être de vingt ou trente ans postérieur au surplus des boiseries, qui peuvent dater de 1530 environ (2). Des arabesques très élégantes, au milieu desquelles apparaissent l'écu de France et celui des Courtenay (3), décorent la partie visible au-dessus des tuyaux. A droite et à gauche, deux portes donnant accès à l'intérieur du buffet sont enrichies d'arabesques de même style que les précédentes, qui encadrent deux médaillons circulaires contenant chacun un personnage barbu représenté en buste et tenant un livre ouvert; mais, à l'exception des deux personnages, ces portes sont modernes. Enfin, sur la balustrade de la tribune se montrent des panneaux à fenestrations flamboyantes.

Dans la nef, le regard est attiré par une chaire à prêcher en bois, de style gothique flamboyant, et par un banc d'œuvre dont l'ornementation assez sobre est conçue dans le style de la Renaissance, œuvres modernes, exécutées en 1853 par les frères Laumônier, sculpteurs à Conches.

Les fonts baptismaux, en pierre, placés dans la première

---

(1) Une inscription gravée sur le gros tuyau central est ainsi conçue :

CE
15 DÉCEMBRE 1889
CES ORGUES CONSTRUITES
PAR MM^{RS} STOLTZ F^{RES}
DE PARIS
ONT ÉTÉ OFFERTES A
M^R L'ABBÉ P. LEFEBVRE
CURÉ-DOYEN DE NONANCOURT
PAR
M^R ET MME GEORGES LE GRAND
A L'OCCASION DE LEUR MARIAGE
25 FÉVRIER 1889

(2) La différence d'époque entre le buffet proprement dit et son soubassement semble indiquer que les orgues ont été modifiées et peut-être déplacées.
(3) Ce dernier présente la même irrégularité qu'à la voûte du chœur. Voir *supra*, p. 11.

travée du bas-côté nord, sont également modernes (1872). L'artiste auquel ils sont dus leur a donné double cuvette et double piédestal, disposition fréquemment adoptée dans la région environnante aux quinzième et seizième siècles (1).

Un vestiaire pour les frères de charité (2) a été ménagé dans la première travée du collatéral sud, au moyen d'une clôture en bois ajourée, du temps de Henri IV, sans réelle valeur artistique. L'entablement qui la surmonte montre, répété deux fois, un écu portant, sur un semis d'hermines, un chevron dont la couleur n'est pas indiquée (3).

Le chœur, fermé en avant par une balustrade en pierre, dans le style du quinzième siècle, moderne et condamnée à disparaître, ne renferme aucun objet intéressant. Les stalles sont vulgaires; le lutrin, en fer forgé, n'a pas de valeur, bien que datant du siècle dernier, et l'autel, de style Louis XV, a perdu son retable en bois, dont l'encadrement décore aujourd'hui l'église de Saint-Georges-sur-Eure (4). On lit, à droite du

---

(1) L'une des cuvettes, la plus petite, sert à l'écoulement de l'eau versée sur la tête de l'enfant. Nous nous rappelons avoir vu dans un grand nombre d'églises de la région, notamment à Saint-Lubin-des-Joncherets, à Saint-Remy-sur-Avre (Eure-et-Loir) et à Saint-Georges-sur-Eure (Eure), des exemples de cette disposition remontant presque tous à la fin du quinzième siècle ou au commencement du seizième. Il faut croire qu'elle est tout à fait inconnue dans certaines régions, car naguère un ecclésiastique, chargé d'un cours d'archéologie, faisait connaître avec empressement aux lecteurs de la *Revue de l'art chrétien* un spécimen de cette forme de cuve baptismale, nouvelle pour lui (il s'agissait des fonts baptismaux de Chérisé (Sarthe), qui ne sont pas antérieurs au dix-septième ou au dix-huitième siècle), et, chose plus surprenante, les directeurs de la *Revue* ne trouvaient à signaler qu'un second exemple dans une église de Dinant (Belgique). Le *Bulletin monumental* a cependant publié en 1876 (p. 272) le dessin de la jolie cuve baptismale à piscine, du quinzième siècle, que l'on voit dans l'église Notre-Dame de Béhuard (Maine-et-Loire). Un de nos amis nous a même affirmé qu'il existe à Saint-Félix (Oise) une cuve du même genre remontant au douzième siècle.

(2) D'après l'inscription brodée sur sa bannière actuelle, la *Charité* de Nonancourt daterait de 1181. Cependant, un registre in-folio, intitulé : « Sommier des biens et revenus appartenant à la confrérie de la Charité de Saint-Martin de Nonancourt... fait au mois de juin 1779 par les soins des frères en exercice, » indique comme date d'érection l'année 1485.

(3) Une famille normande, du nom de Chemin, porte : *D'hermines au chevron d'azur*.

(4) Il se dresse en avant du chœur. C'est une haute arcade cintrée, sur-

tombeau, en retour d'équerre, cette inscription gravée sur une banderole :

FAIT A DREUX 1768.

On voit dans la chapelle de la Vierge ou du Rosaire quelques curieuses statues de pierre. La première est une Vierge à l'Enfant, qui offre tous les caractères de la statuaire du commencement du quinzième siècle. Marie, la tête couronnée et le haut du corps porté vers la droite, contemple le divin Enfant, qui la caresse doucement de la main droite, tandis que son autre main soutient le globe du monde.

La seconde statue représente une reine vêtue du surcot doublé et bordé de fourrure en usage à la fin du quatorzième siècle, tenant un sceptre malheureusement brisé dans la main droite, et dans la main gauche un livre ouvert, des pages duquel s'échappent plusieurs signets. Elle paraît entourer ce livre d'une grande vénération, car elle ne le touche que la main enveloppée dans un pan de son manteau. Une longue chevelure se répand sur ses épaules. Cette statue, inférieure à la précédente, demeure anonyme.

Un groupe de sainte Anne instruisant la sainte Vierge, aux draperies un peu lourdes, appartient au quinzième siècle.

Dans la même chapelle, on remarque un grand tableau représentant *la Descente du Saint-Esprit sur les apôtres*, que l'artiste a signé et daté sur les marches du trône où est assise la Vierge :

G. HVBERT
FECIT 1650.

C'était un peintre de quelque valeur, inconnu, croyons-nous, aux courageux compilateurs de notre histoire artistique. Les personnages de son tableau sont hardiment posés, la composition a du mouvement et le faire dénote un pinceau énergique et expérimenté.

---

montée d'une croix, dont les pieds-droits portent, sculptés en bas-relief, les divers instruments du culte.

On conserve dans le trésor de l'église de Nonancourt un corporalier formé de quatre morceaux juxtaposés d'un large ruban de soie rouge orné de broderies d'or représentant des feuilles et des fleurs. Ce ruban serait, assure-t-on, celui d'une décoration appartenant à Jacques Stuart, prétendant au trône d'Angleterre sous le nom de Jacques III, et aurait été donné par lui comme souvenir à Mme L'Hopital, femme du maître de poste de Nonancourt, « très honnête femme qui avait de l'esprit, du sens, de la tête et du courage » et sut le soustraire au poignard des assassins. Saint-Simon raconte avec détails cet événement, qui se passait au mois de novembre 1718.

V.

L'ensemble de la vitrerie ancienne de l'église de Nonancourt comprend douze grandes fenêtres de la haute nef et huit fenêtres des bas-côtés. On trouve, en outre, des fragments plus ou moins importants dans deux fenêtres de la chapelle de la Vierge. Tous ces vitraux appartiennent à la première moitié du XVIe siècle. Sept autres baies, deux grandes et cinq petites, sont garnies de verrières modernes.

Nous commencerons la description des vitraux par la première travée occidentale du bas-côté nord et nous ferons le tour de l'église en décrivant successivement les fenêtres du bas-côté nord, celles du déambulatoire, puis celles du bas-côté sud, mais de l'est à l'ouest, c'est-à-dire en sens inverse de la marche adoptée pour le bas côté nord. Les verrières des hautes fenêtres seront ensuite écrites, dans le même ordre que celles du rez-de-chaussée.

Bas-côté nord.

1re *fenêtre.* — Lancette de gauche : 1. Pilate se lavant les mains. 2. Le Baiser de Judas (1). — Lancette de droite : 1.

---

(1) Les scènes sont énumérées de haut en bas.

La Flagellation. 2. Le Christ tombant sous le poids de sa croix.
— Dans le soufflet du tympan : le Christ en croix.

Ce vitrail a été très restauré. Les seules parties qui puissent être considérées comme anciennes sont le Christ en croix du tympan et le Pilate se lavant les mains. Des fragments étrangers ont été introduits dans le panneau du Christ tombant sous le poids de sa croix. Un phylactère horizontal, s'étendant sur toute la largeur de la fenêtre, au sommet des deux lancettes, porte cette inscription gothique :

Ces · hoirs · de · marcelet ǁ ont · donnée · ceste · vitre · p · D · (1)

2ᵉ *fenêtre*. — Lancette de gauche : 1. La Cène. 2. Le Lavement des pieds. — Lancette de droite : 1. L'Entrée de Jésus à Jérusalem. 2. Jésus au jardin des Oliviers. — Dans le cœur trilobé du tympan, saint Michel terrassant le démon, qui a la forme d'un animal monstrueux.

Vitrail également restauré et en partie refait. Le sujet du tympan paraît être resté intact. L'Entrée à Jérusalem et le Lavement des pieds conservent surtout des parties anciennes.

3ᵉ *fenêtre*. — Lancette de gauche : 1. Décapitation de sainte Suzanne (2). 2. Jésus et la Samaritaine. — Lancette de droite : 1. Jésus au milieu des docteurs. 2. *L'Ecce Homo*. Pilate, richement vêtu, le visage plein, désigne le Christ de la main. Les deux mots qu'il prononce sont inscrits en gothique sur un tillet placé contre un pilier : Ecce homo. — Les quatre scènes qui précèdent sont encadrées par des arcades en cintre surbaissé dont les pieds-droits montrent, placés dans des ni-

---

(1) *Priez Dieu.* — Les Marcelet étaient une famille de commerçants qui fournit plusieurs maires, avant la Révolution, à la ville de Nonancourt.

(2) Il ne s'agit pas ici de la Suzanne de Babylone, mais de sainte Suzanne, vierge et martyre à Rome au IIIᵉ siècle, dont la fête se célèbre le 11 août. On sait qu'une relique de cette sainte est déposée dans la chapelle de l'ancien prieuré de Notre-Dame du Désert, au milieu de la forêt de Breteuil, sur le territoire de la commune des Baux-de-Breteuil (Eure), où elle attire un grand concours de pèlerins. Cf. R. Bordeaux, *Le pèlerinage de Sainte-Suzanne*, ap. *Miscellanées d'archéologie normande relatives au département de l'Eure*, p. 7.

ches, de très petits personnages en grisaille, entre autres des anges sonnant de la trompette. — Dans le soufflet du tympan, sainte Barbe, couverte de vêtements somptueux, tenant la palme du martyre, debout près d'une grosse tour ronde.

Au bas de la fenêtre et sur toute sa largeur, on lit en deux lignes cette inscription gothique :

Robert · Foubert · et · sa · feme · suzanne · || · ont · donne · ceans ·
ceste · verriere ·
quô · prie · Dieu · pour · eulx · et · pour || leurs · parents · et · amys ·
trespasses ·

Deux panneaux sont entièrement neufs : Jésus et la Samaritaine et Jésus au milieu des docteurs. Les autres ont seulement subi quelques retouches.

4e *fenêtre*. — Lancette de gauche : 1. Sainte Anne, assise, porte sur son genou gauche la sainte Vierge, jeune femme richement vêtue et la couronne en tête, laquelle porte elle-même l'enfant Jésus nu et bénissant (1). Derrière le siège de sainte Anne apparaissent deux têtes de vieillards : ce sont probablement, malgré l'absence de nimbe, saint Joachim, époux de sainte Anne, et saint Joseph, époux de Marie. — 2. Marie Cléophas, assise, lisant dans un livre, la tête entourée d'un nimbe. Derrière le siège se montre une tête d'homme non nimbée, qui ne peut être que celle d'Alphée, son mari. Au premier plan sont debout ses quatre fils, représentés encore enfants et nimbés, avec leurs attributs ordinaires, savoir : saint

(1) Quelques similaires : Sculpture sur bois du XVIe siècle, enchâssée dans la façade d'une maison d'Aubusson, rue du Faubourg-des-Méris, 23, décrite par C. Pérathon (*Objets d'art religieux à Aubusson*, ap. *Réunion des Sociétés des beaux-arts des départements à l'École nationale des beaux-arts, du 23 au 27 mai 1891* (15e *session*), p. 492). — Statuette bois, dans une maison particulière, à Bailleul-sur-Thérain (Oise). — Groupe bois (XVIe siècle), dans l'église de Clermont (Oise). — Petit retable de la fin du XVe siècle, au musée royal d'antiquités de Bruxelles, où sainte Anne et la Vierge sont assises en face l'une de l'autre, la Vierge tenant l'enfant Jésus, (figuré par le chanoine Reusens, dans ses *Éléments d'archéologie chrétienne*, 2e édit., t. II (1886), p. 519). — Rappelons aussi le célèbre tableau de Léonard de Vinci au musée du Louvre, où le sujet est interprété avec beaucoup plus de liberté.

Jacques le Mineur, une massue; saint Simon, une scie; saint Barnabé, une croix ; saint Jude, une hache

Lancette de droite : 1. Mariage de la sainte Vierge. Saint Joseph y est figuré à tort comme un vieillard, alors qu'il était seulement dans la force de l'âge. — 2. Marie Salomé, nimbée, assise et lisant dans un livre ouvert sur ses genoux. En arrière, on voit la tête d'un homme âgé, non nimbé : c'est son mari, Zébédée. Ils sont accompagnés, au premier plan, de leurs deux enfants, saint Jacques le Grand ou le Majeur, avec son attribut usuel, le bâton de pèlerin, et saint Jean, qui porte non son calice traditionnel, mais une petite croix ayant la forme d'une croix de Malte.

Dans le soufflet du tympan : le martyre de saint Sébastien. Le saint est debout, nu, le milieu du corps entouré d'un linge. Ses bourreaux sont en costume civil du temps de François Ier.

Cette fenêtre a été restaurée assez sobrement (1). L'un des sujets qui s'y trouvent représentés, la généalogie ou descendance de sainte Anne, jouissait d'une certaine vogue à la fin du moyen âge. C'était la traduction iconographique d'une légende née d'une interprétation large des Évangiles et de laquelle il résulte que sainte Anne aurait épousé successivement saint Joachim, Cléophas et Salomé, et qu'elle en aurait eu trois filles du nom de Marie. La première de ces trois filles, naturellement, n'est autre que la sainte Vierge. La seconde, Marie Cléophas, appelée aussi Marie Jacobé, devint la femme d'Alphée et fut la mère de saint Jacques le Mineur, de saint Simon, de saint Jude et d'un certain Joseph dit le Juste qui doit être identifié avec saint Barnabé. Enfin, la troisième, Marie Salomé, épousa Zébédée (d'où le nom de Marie Zébédée sous lequel elle est quelquefois désignée) et en eut deux fils, saint Jacques le

---

(1) Dans un petit cartouche placé au bas de la fenêtre, à droite, on lit, en gothique :

Cette restaurat^n.

a été faite par m.

g. marette.

Majeur et saint Jean l'Évangéliste. Nous croyons pouvoir supposer que les personnages âgés qui se voient sans nimbe, au dernier plan de chacune des trois scènes consacrées au sujet dont nous parlons, sont, dans la première, saint Joachim et saint Joseph, dans la seconde, Alphée, et dans la troisième, Zébédée.

On retrouve le même motif représenté, avec plus ou moins de développement, dans les verrières de nombreuses églises. Qu'il nous suffise de citer Notre-Dame d'Évreux (1), Notre-Dame de Louviers (2), Serquigny (3), Nogent-le-Roi (4). Dans un vitrail de Saint-Vincent de Rouen, l'artiste a placé ses personnages sur un arbre généalogique, dont le tronc commun est sainte Anne (5). Mais c'est à Ferrières-Haut-Clocher (6) que se trouve peut-être, dans une verrière datée de 1521 (7), l'ensemble à la fois le plus complet et le plus clair : sainte Anne, en effet, y est figurée trois fois avec chacun de ses trois époux, et des inscriptions ne laissent aucune incertitude sur les données de la légende telle qu'elle était accréditée à cette époque (8).

---

(1) Vitrail du milieu du XVe siècle, dans la première fenêtre septentrionale du chœur; vitrail de la seconde moitié du XVe siècle, dans la troisième fenêtre septentrionale de la chapelle de la sainte Vierge.

(2) Fenêtre à gauche du portail méridional, en entrant dans l'église (première moitié du XVIe siècle).

(3) Canton de Bernay (Eure). L'une des fenêtres de la chapelle septentrionale (milieu du XVIe siècle).

(4) Eure-et-Loir. Une des fenêtres du déambulatoire (1re moitié du XVIe s.) : les apôtres-enfants, outre leurs attributs, portent des phylactères où leurs noms sont inscrits.

(5) Première moitié du XVIe siècle. Dans une chapelle au sud du chœur. Cf. E. de la Quérière, *Description historique, archéologique et artistique de l'église paroissiale de Saint-Vincent de Rouen*, 1841, p. 21, et surtout Paul Baudry, *L'église paroissiale de Saint-Vincent de Rouen. Description des vitraux*, 1875, p. 60.

(6) Canton de Conches (Eure).

(7) Cf. L. Régnier, *Excursion archéologique de l'Association normande à Ferrières-Haut-Clocher, Claville, la Bonneville et Glisolles, le 17 septembre 1888*. Compte rendu, 1889, p. 29.

(8) Le même sujet figure sur un feuillet, récemment entré à la Bibliothèque nationale, du livre d'heures peint par Jean Fouquet pour Étienne Chevalier (Bibl. nat., nouv. acq. lat. 1416). Il avait aussi été peint au grand complet, par Jean Doret, dans une chapelle dépendant de la maison des Pères de l'O-

5° fenêtre. — Lancette de gauche : 1. Une inscription gothique, refaite à l'époque moderne, explique le sujet, au bas de la lancette :

𝕮ômé s martin rendit à une mere son enfant qui estoit subitement mort.

Saint Martin, debout, en costume épiscopal, avec la croix processionnelle, bénit le corps de l'enfant, étendu aux pieds de sa mère, qui, debout près du thaumaturge, fait un geste d'admiration. Elle est coiffée d'une sorte de casque doré assez bizarre, dont le similaire se retrouve sur la tête de la femme qui l'accompagne.

Lancette de droite : Inscription gothique moderne au bas :

𝕮ômé s martin guarit ung ladre en l'embrassant.

Près de la porte d'une ville, saint Martin, toujours en costume épiscopal, donne l'accolade à un lépreux, qu'il aide à se tenir debout. Celui-ci porte sur ses vêtements une sorte de sac jeté sur l'épaule, et une clochette carrée est suspendue à sa ceinture, conformément aux statuts des maladreries. Divers personnages, laïques et ecclésiastiques, accompagnent saint Martin.

Ce sujet est généralement compris dans toutes les représentations de la vie de saint Martin (1). Une inscription qui se lit dans une des chapelles de l'église Saint-Nicolas des Champs,

---

ratoire, à Aix. Ces peintures n'existent plus, mais l'auteur des *Curiosités les plus remarquables de la ville d'Aix*, P.-J. de Haitze, en a laissé une description, reproduite par M. de Chennevières au t. Ier (p. 53-56) de ses *Recherches sur la vie et les ouvrages de quelques peintres provinciaux de l'ancienne France*. Enfin, — car nous ne connaissons pas et nous ne voudrions pas, d'ailleurs, énumérer ici tous les similaires du motif, — les brodeurs Jehan et Husson Tubac, de Paris, s'engagèrent à le reproduire (et probablement sous forme d'arbre généalogique) dans une tapisserie destinée au chapitre de Chartres et dont le marché, daté du 23 juillet 1531, a été publié par MM. L. Merlet et E. Bellier de la Chavignerie dans les *Archives de l'art français*, t. IV, p. 375.

(1) Citons, entre autres exemples, un vitrail de l'église de Blosseville-ès-Plains (Seine-Inférieure).

à Paris, veut que le miracle ait eu lieu à l'endroit même où s'éleva plus tard le prieuré de Saint-Martin des Champs (1).

Dans le cœur trilobé du sommet de la fenêtre, on voit saint Martin, debout, en costume épiscopal, tenant de la main gauche la croix processionnelle et faisant de la main droite le geste de la bénédiction. A gauche, et au premier plan comme lui, un homme à barbe blanche, vêtu d'un manteau rouge, avec une large pèlerine blanche, et coiffé d'une toque rouge, est vu à mi-corps, derrière un petit mur sur lequel il appuie l'une de ses mains. Dans le fond, entre ces deux personnages, on aperçoit un homme pendu à la poutre d'un plafond. Il est vêtu d'un habit de couleur verte qui lui descend à mi-jambe. Des hommes placés derrière saint Martin paraissent étonnés. Cette scène représente saint Martin ressuscitant le serviteur d'un seigneur nommé Lupicin, qui s'était pendu par désespoir (2). Elle a été très rarement figurée par les peintres verriers (3). Son identification nous a offert quelque difficulté, car l'inscription gothique inscrite sur le phylactère déroulé devant le mur d'appui ne nous apportait que des éléments de décision très incertains, à cause de son mauvais état. Grâce à la clairvoyance d'un ami, nous avons fini par la restituer :

> Côme s martin ressuscite led hôme pend[u].

(1) D'après la légende inscrite au bas de l'une des tapisseries conservées à Montpezat (1500), le lépreux aurait été guéri pendant la messe :

> Comme Martin chantoit la messe,
> Son hoste estoit de lèpre plain,
> En baisant la paix eubt liesse,
> Car il fut guéri tout à plain.

Nous empruntons ce texte à l'article de Devals aîné sur *la Tapisserie de Montpezat* (*Annales archéologiques*, t. III, p. 101), qui décrit ainsi la scène : « Martin, assisté de son clerc, dit la messe dans une des églises de Paris. Un lépreux, attiré par la renommée du saint, baise à genoux la paix que le clerc lui présente, et se trouve immédiatement guéri. Trois personnages, qui viennent d'entrer dans l'église, paraissent s'entretenir de ce miracle. » Nous ne connaissons aucun autre exemple de cette curieuse leçon, assurément moins belle que celle adoptée d'ordinaire, mais qui méritait d'être rappelée.

(2) *Petits Bollandistes*, t. XI, p. 210.

(3) On la trouve dans l'ouvrage de M. Lecoy de la Marche, *Saint Martin* (pl. h. t. III, d'après le ms. 1010 de la biblioth. de Tours).

Cette fenêtre a été restaurée avec plus de soin que les précédentes. Le sujet du tympan ne paraît avoir subi aucune retouche.

6ᵉ *fenêtre*. — Lancette de gauche : La Salutation angélique (sujet neuf). — Lancette de droite : la Visitation (sujet neuf). — Lancette du milieu : la Vierge, debout, entourée de ses emblèmes mystiques se détachant sur un fond rouge, avec des phylactères à inscriptions gothiques. Voici ces inscriptions, qui indiqueront les emblèmes représentés :

Electa · ut · sol. — Stella maris. — pulchra ut luna. — virga [ice]se. — floruit Cedrus [e]saltata. — speculum · sie · macula. — [Lil]ium· it · spias (Lilium inter spinas). — oliva · speciosa. — porta cœli. — puteus · aquarm · viventium. — Turris dauid. — plantacio rose. — fons hortorum. — civitas · dei.

Le sujet a été très fortement restauré et un certain nombre des inscriptions ont été refaites (1).

Les deux soufflets du tympan contiennent des sujets modernes : l'Adoration des Mages et la Fuite en Égypte.

La septième fenêtre est bouchée. Elle l'était déjà en 1757, ainsi que le constate le procès-verbal des experts Le Chertier et Le Boullier (2).

Déambulatoire.

La première fenêtre au nord est bouchée.

La deuxième est occupée par un Crucifiement de saint Pierre moderne, signé de la manière suivante :

1856

MARETTE

PERE et FILS

A ÉVREUX

---

(1) Œuvres d'art du seizième siècle représentant le même sujet : Vitraux à Saint-Étienne-du-Mont de Paris, Saint-Vincent de Rouen, Conches, Montfort-l'Amaury, Mesnil-Saint-Denis, Mézières (Seine-et-Oise), Bagnolet (Seine), Saint-Mards (Seine-Inférieure), Flêtre (Nord). Vitrail à Saint-Étienne-la-Thillaye (Calvados), tombé faute d'entretien. Sculptures à Saint-Taurin d'Évreux, à Gisors, au Tréport, à la cathédrale de Bayeux, à N.-D. de Bar-le-Duc. Etc., etc.

(2) Arch. de l'Eure, G. 962. Voyez *suprà*, p. 6.

Les troisième, quatrième et cinquième fenêtres contiennent trois scènes de la vie de saint Portien (1), exécutées par les mêmes peintres verriers, qui ont mis leur signature dans un petit cartouche au bas de la troisième fenêtre :

MARETTE
PERE ET FILS
PEINTRES-VERRIERS
A ÉVREUX
1855

La sixième fenêtre, la dernière du déambulatoire, est condamnée, comme la première.

Chapelle de la Vierge.

Des verres blancs remplissent la fenêtre orientale.

De la fenêtre méridionale la plus rapprochée de la précédente, il ne subsiste que le tympan, comprenant dans ses trois soufflets les trois sujets suivants : 1. Le Christ en gloire, bénissant. 2. Un Vieillard nimbé, à genoux, revêtu d'une robe d'un rouge éclatant. 3. Un personnage mutilé qui était, croyons-nous, dans la même attitude. Peut-être l'ensemble représente-t-il la Transfiguration.

La seconde fenêtre de la face méridionale ne possède plus qu'un sujet, dans l'un des trois soufflets de son tympan. On y reconnaît un personnage nimbé, barbu et dans la force de l'âge, couvert d'une robe, qui joint les mains et paraît conduit par deux individus. Le premier de ceux-ci, vêtu de chausses et d'un pourpoint dont les manches sont garnies de crevés, lui met la main gauche sur l'épaule et tient dans sa

---

(1) Troisième fenêtre : Saint Portien vendu comme esclave par son père et sa mère ; au second plan, il court réclamer, contre les brutalités de son maître, la protection de l'abbé du monastère voisin. — Quatrième fenêtre : Le maître de saint Portien fait mettre le feu au monastère et des soldats arrêtent saint Portien. — Cinquième fenêtre : Saint Portien emmené en captivité par son maître, qui devient subitement aveugle. Au tympan, saint Martin partageant son manteau.

main droite un bâton à l'extrémité duquel sont suspendues deux clefs. Quant au second, difficile à décrire, mais paraissant avoir une physionomie repoussante, il se trouve à la gauche du personnage nimbé. Dans les mouchettes, des phylactères enroulés portent des inscriptions gothiques qu'il est impossible de lire.

Bas-côté sud.

1re *fenêtre*. — Lancette de gauche : 1. Le Baptême de Notre-Seigneur. 2. La Décollation de saint Jean-Baptiste. Dans le fond, on voit Salomé apporter la tête à Hérodiade, et celle-ci, avec son couteau, percer les yeux de saint Jean. — Lancette de droite : 1. Probablement l'ordination de saint Mathurin. Un saint évêque, debout, la crosse en main, consacre un prêtre nimbé, agenouillé, les mains, qui viennent de recevoir les onctions saintes, passées et liées dans un linge de lin suspendu au cou, suivant le rite encore observé. Le père et la mère de l'ordinand sont debout derrière lui. — 2. Saint Mathurin, en costume de diacre, exorcise et délivre Théodora la possédée. Celle-ci est agenouillée et de sa bouche sort un hideux petit diable vert. L'empereur son père et plusieurs autres hommes richement vêtus assistent à la scène, qui s'accomplit près de l'entrée d'une chapelle ou d'un palais, dont la porte gothique est ornée d'un écu tenu par un génie brandissant une épée. Les pièces héraldiques, évidemment de convention, se composent d'une barre et de cinq besants disposés en sautoir (1).

Dans les mouchettes étroites qui forment le tympan, des anges.

Cette verrière a été restaurée, mais on y a maintenu quelques parties anciennes.

La travée suivante n'a pas de fenêtre.

---

(1) Cette verrière n'a pas été connue de M. Thoison, auteur d'un excellent ouvrage sur la vie, le culte et l'iconographie de saint Mathurin (Paris, 1889, in-8°), non plus que quelques autres à Triel, à Pont-Audemer, à Belmesnil (Seine-Inférieure) et deux tableaux à Beaumontel et Verneusses (Eure).

2° *fenêtre*. — Lancette de gauche : 1. Saint Martin détruisant les idoles. Il est debout, vêtu de son costume d'évêque, dans un temple. Les ouvriers qu'il a amenés et qui ont leurs outils à la main sont agenouillés, dans l'admiration. Une statue de Diane chasseresse se brise sur le pavé : il en sort plusieurs diablotins qui se sauvent à tire-d'aile. — 2. Le donateur, couvert d'une longue robe violette, suivi de ses treize garçons. Tous sont agenouillés. Derrière eux, et de plus grandes dimensions, se voient les deux saints patrons de la famille : d'abord, saint Nicolas, assis dans un fauteuil ou chaire à X, tenant sa crosse et bénissant les trois enfants nus placés dans un baquet et tournés vers lui. Le second patron, debout, également en costume d'évêque, tenant la croix processionnelle et un livre ouvert, est sans doute saint Martin.

Lancette de droite : 1. Naissance de la sainte Vierge. Sainte Anne, le teint jaune et ridé, est étendue dans son lit. Au premier plan, des femmes sont occupées à laver l'enfant dans un bassin, aidées par deux petits anges qui le contemplent avec admiration. — 2. La donatrice, vêtue d'une robe rouge, et ses huit fillettes, toutes agenouillées. Au-dessus d'elles, on voit la sainte Vierge, assise, la couronne en tête, dans un trône dont le dossier élevé se termine en demi-cercle. L'enfant Jésus, assis sur ses genoux, se penche vers l'un des deux anges adorateurs placés à droite et à gauche ; il tient une ficelle, à l'extrémité de laquelle vole un petit oiseau attaché (1).

(1) Cette curieuse particularité iconographique se retrouve très fréquemment dans les œuvres d'art des quinzième et seizième siècles. Citons seulement les suivantes : Statue, collection de M. l'abbé Müller, à Senlis ; — statue pierre (XV° s.), église de Bornel (Oise) ; — statue bois (XVII° s.), église de Lammerville (Seine-Inférieure) ; — statue (XVI° ou XVII° s.), église de Quièvrecourt (Seine-Inférieure) ; — statue de la Vierge à l'Enfant (XVI° s.), baptisée sainte Clotilde (!), église d'Ivry-la-Bataille (Eure) ; — statue (XV° siècle), église de Gasny (Eure) ; — statue pierre (XVI° s.), église de Vézillon (Eure) ; — statue bois, église d'Agnetz (Oise), attribuée au XIII° siècle par M. l'abbé Pihan, dans son *Esquisse descriptive des monuments historiques dans l'Oise*, p. 164 (ce serait un des plus anciens spécimens connus) ; — statue du XIV° s., église du Mesnil-Saint-Denis (Seine-et-Oise) ; — statue du moyen âge, église

Dans le soufflet sublobé du tympan, la Trinité est représentée d'une manière souvent adoptée par les artistes de la fin du moyen âge et de la Renaissance. Dieu le Père, coiffé de la couronne impériale, tient devant lui la croix sur laquelle Jésus est crucifié. Le Saint-Esprit, sous la forme d'une colombe, est posé sur la couronne d'épines. Deux anges adorateurs.

Les deux scènes de la Naissance de la Vierge et de saint Martin renversant les idoles sont neuves. Les deux panneaux du bas ont été convenablement restaurés. Quant à la Trinité du tympan, elle est ancienne, mais elle a aussi été restaurée.

Hautes fenêtres.

Nous suivrons le même ordre que pour les bas-côtés, c'est-à-dire que nous décrirons successivement les fenêtres en allant de l'ouest à l'est, du côté nord, puis de l'est à l'ouest, du côté sud. Cette marche nous permettra de conserver aux sujets représentés leur suite chronologique.

La fenêtre de la première travée occidentale ne paraît jamais avoir été ouverte. C'est au bas de cette fenêtre que se trouve la porte visible sur la terrasse des bas-côtés.

1re *fenêtre.* — La Résurrection de Lazare. Cette scène se

---

de Mesnil-Mauger (Calvados); — statue du moyen âge à Saint-Philbert-des-Champs (Calvados). V. Caumont, *Statistique monumentale du Calvados*, t. IV, p. 411; — statue XVIe s., à la Chapelle-Yvon (Calvados). V. même ouvr., t. V, p. 825; — statue pierre (XVIe s.), église de Trois-Puits (Marne). V. Givelet, Demaison et Jadart, *Répertoire archéol. de l'arr. de Reims* (Communes rurales des trois cantons de Reims, p. 85); — statue dans la chapelle de l'hôtel-Dieu d'Issoudun, signalée par G. Bouet (*Hôtel-Dieu d'Issoudun*, dans *Congrès archéologique de France*, XLe session (1873), p. 661); — statue de N.-D. du Pilier à Saint-Galmier, décrite par F. Thiollier (*Statues de la Renaissance française conservées en Forez*, ap. *Réunion des Sociétés des beaux-arts des départements à l'École nationale des beaux-arts, du 22 au 27 mai 1891* (15e session), p. 207). — On en rencontre un spécimen en orfèvrerie dans l'inventaire des joyaux de Louis, duc d'Anjou, dressé vers 1360-1368 et publié par Léon de Laborde, no 67 (*Notice des émaux exposés dans les galeries du musée du Louvre*, 1852, 2e partie : *Documents et glossaire*, p. 12; ou *Glossaire français du moyen âge*, 1872, p. 12).

passe au premier plan. Notre-Seigneur, suivi de plusieurs personnes, bénit Lazare à la manière latine et lui ordonne de se lever, ce qu'il fait, aidé par un homme qui n'est autre que saint Pierre. A la gauche du Sauveur, deux femmes, les mains jointes d'admiration, sont évidemment les deux sœurs de Lazare, Marthe et Marie. A droite, trois pharisiens, dont l'un, au visage glabre, se distingue par son nez long et recourbé et son menton très accentué; les deux autres, barbus, se bouchent le nez avec affectation (1). Fond d'architecture de style Renaissance : un portique, en avant duquel se dresse, isolée, une sorte de tourelle ronde, tandis qu'en arrière on aperçoit d'autres édifices. Des personnes s'entretiennent sous le portique; d'autres paraissent sur la galerie à balustrade qui règne au-dessus.

Au tympan, Dieu le Père bénissant, assis au milieu des nuages et entouré d'anges adorateurs. Il a le costume pontifical et porte le globe crucigère (2).

Il y a eu une restauration, mais elle a été peu importante.

2° *fenêtre*. — L'Entrée de Jésus à Jérusalem. Fond de paysage et de verdure, semé de monuments. A droite, la porte de la ville, munie d'une herse. Près de la porte, deux arbres, au sommet desquels sont juchés deux curieux. Un autre spectateur s'est installé sur la plate-forme de l'une des tours de l'enceinte fortifiée. Jésus, monté sur l'ânesse, et suivi des apôtres, bénit à la manière latine. Un bourgeois vêtu d'une ample robe bleue garnie de fourrure, sa toque fourrée à la main, s'agenouille devant Jésus et lui offre une palme verte, pendant qu'un autre personnage déroule sous les pas de l'ânesse un tapis écarlate. Dans les accolades trilobées qui surmontent les lancettes, au-dessus d'une frise horizontale à course de

---

(1) L'église de Beaumont-le-Roger renferme une verrière un peu plus ancienne (fin du XV° siècle), dans laquelle le même sujet est traité avec quelque analogie; mais le vitrail de Nonancourt est supérieur.

(2) On trouve à Montfort-l'Amaury une fenêtre représentant la Résurrection de Lazare et au sommet de laquelle apparaît, comme à Nonancourt, le Père éternel bénissant.

feuillages, des anges contemplent, les mains jointes, l'entrée triomphale de leur divin Maître.

Dans le soufflet qui occupe le sommet du tympan, on voit un fleuron ou bouquet de feuillages disposés symétriquement. Les douze mouchettes sont garnies d'anges : quelques-uns jouent de la mandoline ou sonnent de la trompette ; d'autres tiennent des banderoles anépigraphes ou des phylactères enroulés portant répétés, en gothique, les mots suivants : Hosana filii (*sic*) david... sanctus...

Fenêtre légèrement restaurée. L'ânesse et une partie du corps du Christ sont modernes.

3ᵉ *fenêtre*. — La Cène. Le repas a lieu dans une vaste salle, dont le plafond, couvert de caissons en losange, est supporté par deux colonnes au premier plan, et par deux pilastres, ornés d'arabesques, faisant saillie sur la muraille du fond. Cette muraille est percée de deux petites fenêtres Renaissance garnies de plombs entrecroisés. En prolongement, à droite et à gauche, deux arcades laissent voir d'autres appartements. Les convives sont rangés autour d'une table rectangulaire, recouverte d'une longue nappe. L'artiste les a représentés assis et non couchés comme il était d'usage chez les Juifs. Notre-Seigneur préside le repas, abrité par un dais d'étoffe jaune à ramages, dont la partie supérieure est rouge. Il consacre le vin dans un calice, en le bénissant à la manière latine. A sa droite, saint Jean, le plus jeune des disciples, appuie nonchalamment la tête sur la main gauche. Judas, placé en avant de la table, a un aspect presque grotesque ; il tient de la main gauche sa bourse, qu'il cherche à dissimuler. Sur la table, un grand plat ovale, des verres à pied, un couteau et plusieurs autres objets. On ne voit pas d'assiettes, mais chaque convive a devant soi un rectangle que l'on croirait de bois. Un serviteur entre par l'arcade de droite tenant une cruche. Au premier plan, des amphores.

Au tympan, la Messe de saint Grégoire, scène répartie dans

le soufflet central et dans les quatre principales mouchettes. Les autres compartiments du remplage sont garnis d'anges adorateurs. Le pontife, vêtu d'une chasuble ample de couleur rouge, est agenouillé devant l'autel, les mains étendues. Il est accompagné de deux acolytes, agenouillés comme lui, qui tiennent à la main une torche allumée et sont couverts, celui de droite d'un ornement vert, celui de gauche d'un ornement bleu. Six chanoines en surplis, à soutane rouge ou violette, l'aumusse au bras, se voient à genoux, à droite et à gauche. L'autel mérite d'être décrit. Le tombeau, de forme rectangulaire, est recouvert d'un parement rouge, en partie caché par une nappe blanche, sur laquelle sont posés, à chaque extrémité, un flambeau allumé; au centre, le calice; sur la droite, deux burettes; à gauche, le missel ouvert sur un pupitre, et çà et là plusieurs objets plus petits difficiles à déterminer. L'autel est surmonté en arrière d'un retable d'orfèvrerie dont la partie centrale est plus élevée que les deux côtés, comme dans la plupart des retables du moyen âge. C'est en avant de ce retable, au milieu d'un nuage, qu'apparaît le Christ, nu, le linge autour des reins, les bras légèrement étendus et les pieds paraissant posés sur l'autel.

On remarquera la présence dans une même verrière de la Cène, institution par Jésus-Christ de la sainte messe, et de l'apparition à saint Grégoire le Grand, vivant témoignage de la divinité du sacrifice (1).

La restauration de cette fenêtre n'a porté que sur quelques parties.

(1) La messe de saint Grégoire est représentée dans un vitrail de l'église de Groslay (Seine-et-Oise), dans des volets peints fermant autrefois le retable du maître-autel de l'église de Chambly (Oise), dans une peinture sur tissu conservée au musée de Beauvais, sur une pierre gravée dans l'église de Saint-Léonard (Oise), etc., etc. Toutes les représentations que l'on en connaît datent de la fin du moyen âge ou de la Renaissance. Cf. un article de M⁓ʳ Barbier de Montault dans la revue le *Règne de Jésus-Christ* (année 1881), et les brochures suivantes d'un iconographe distingué, M. le chanoine Marsaux, curé-doyen de Chambly : *Panneaux de l'église de Chambly* (Beauvais, 1887); *Vitraux de l'église Saint-Martin de Groslay* (Pontoise, 1889); *Représentations allégoriques de la Sainte Eucharistie* (Bar-le-Duc 1889).

4° *fenêtre.* — La trahison de Judas. Tableau confus et sans perspective. Foule de soldats armés. A gauche, saint Pierre lève son cimeterre sur Malchus. Un tapis de verdure se déroule sous les pieds des acteurs : on voit au premier plan un lapin et un lièvre. Au-dessus, quatre accolades gothiques ornées de feuillages Renaissance, portées sur des pendentifs et, aux deux extrémités de la fenêtre, sur deux colonnes cylindriques.

Au tympan, la Transfiguration. Le Christ a le visage de couleur jaune et son vêtement est d'une blancheur éclatante. A sa droite, Moïse tenant les tables de la loi, le front surmonté des deux appendices dont parle la Bible. A gauche du Christ, Élie, coiffé d'un bonnet juif. Ces deux personnages ont le bas du corps caché par des nuages. Dans les deux mouchettes du milieu, au-dessous du Christ, saint Jean, saint Jacques, son frère, et saint Pierre : l'un d'eux met la main devant ses yeux éblouis. Dans deux autres mouchettes latérales, deux anges, les bras croisés sur la poitrine.

5° *fenêtre.* — Jésus devant Caïphe. Au tympan, la Flagellation et les bourreaux se moquant de Jésus.

Verrière moderne, exécutée par MM. Marette et Duhamel, d'Évreux, vers 1865.

6° *fenêtre* (fenêtre septentrionale de l'abside). — Jésus portant sa croix et rencontrant sa mère avec saint Jean et les saintes femmes. Au tympan, des anges portant les instruments de la Passion.

Moderne. Même origine que la précédente (1).

(1) Les verrières primitives de ces deux fenêtres n'existaient déjà plus en 1757, ainsi qu'il résulte du procès-verbal dressé par les experts des évêques d'Évreux et de Bayeux. Antérieurement, les meneaux en pierre avaient été remplacés par des meneaux de bois et les vitraux peints par des panneaux de verre blanc. Les experts proposèrent de refaire également en bois les meneaux des cinq autres fenêtres du chœur, « de remployer dans lesdits cinq vitraux tout ce qui *pourrait* réserver des anciens panneaux en plomb de verre peint, iceux préalablement rétablis et lavés, et de fournir, au deffaut, des panneaux en plomb de verre blanc. » L'entrepreneur Jacques Josset

7e *fenêtre* (fenêtre centrale de l'abside). — Le Christ et les deux larrons en croix. Cette verrière peut être considérée comme entièrement moderne, malgré l'inscription peinte dans un cartouche ovale placé au bas de la lancette de droite :

CES VERRIÈRES
ONT ÉTÉ RESTAURÉES
A L'AIDE DE SECOURS
ACCORDÉS PAR Mʀ
JANVIER PRÉFET DE
L'EURE AU NOM DU
DÉPARTEMENT
1862.

Un autre médaillon, au bas de la lancette de gauche, contient un écusson aux armes du préfet Janvier : *D'azur au vol d'argent.* Enfin, un médaillon central encadre le monogramme IHS.

8° *fenêtre* (fenêtre méridionale de l'abside). — L'Ensevelissement du Christ. Au second plan, les trois croix. Au-dessus de celle placée au milieu, où était Jésus, apparaît dans les nuages Dieu le Père en costume pontifical, bénissant et tenant le globe du monde surmonté d'une croix. Les deux larrons, encore liés sur leurs gibets, viennent d'expirer. L'âme du bon larron est emportée par un ange, celle du mauvais larron par un affreux démon (1). Ces âmes sont représentées sous la forme

---

jugea autrement et refit les meneaux en pierre. On lit, en effet, dans le procès-verbal de visite du 21 octobre 1758 : « Les cinq autres grands vistraux (fenêtres) dudit chancel en meneaux et cintres d'ogives en compartimens de pierre de taille remplis de panneaux de verre peint, lesquels vistraux ont été faits par l'entrepreneur avec pierre de taille, tous les panneaux de vitres remontés en plomb neuf, en sorte que ledit entrepreneur a fait beaucoup d'ouvrage auxdits vistraux outre et pardessus ledit procès-verbal [d'expertise] ».

(1) Cette particularité se retrouve quelquefois, notamment dans une peinture murale (XVe siècle) de la chapelle basse de l'église de Saint-Bonnet-le-Château (Loire) (voir une planche de l'*Histoire de Saint-Bonnet-le-Château*, par Condamin et Langlois, reproduite dans la notice de M. Bégule sur *Les*

d'un petit corps nu, sans sexe. Celle du bon larron joint les mains, tandis que l'autre paraît se débattre. Toute la partie inférieure de la fenêtre, c'est-à-dire la scène proprement dite de l'Ensevelissement, est moderne (1).

Dans les trois soufflets du remplage, on voit une scène que nous n'avons pu interpréter. En voici la description. Au sommet de la fenêtre, un roi, la barbe frisée, les cheveux longs et bouclés, le front ceint de la couronne, est assis et porte un sceptre. A ses côtés et un peu en arrière se tiennent deux personnages. Les deux soufflets inférieurs encadrent chacun deux personnages. A droite, un homme imberbe, mais âgé, est agenouillé, les mains jointes et les yeux baissés ; au premier plan, à sa gauche, une femme, de dimensions beaucoup plus petites, la tête levée, désignant le roi de la main droite et la main gauche passée dans sa ceinture. Le soufflet de gauche contient aussi une femme agenouillée, mais vêtue plus somptueusement que la précédente d'un costume violet, rappelant par sa forme celui que portaient les dames de la noblesse dans le second quart du XVI° siècle. Cette femme a les mains jointes. Elle est accompagnée au second plan d'un homme debout, imberbe et couvert d'un éclatant manteau rouge, qui paraît causer ; derrière lui, se voit un lion de petite taille, d'une couleur violette tirant sur le gris et à crinière épaisse.

Le roi est-il Jésus-Christ et l'artiste a-t-il voulu mettre en contraste dans la même fenêtre l'anéantissement du Christ et son triomphe ? Les femmes agenouillées sont-elles des donatrices présentées par leurs saints patrons (2) ? Ou bien l'ensemble représente-t-il, soit le jugement dernier, soit une scène de jugement ordinaire où deux parties adverses exposent leur dif-

---

peintures murales de Saint-Bonnet-le-Château, ap. *Congrès archéol. de Fr.*, LIIe session), et dans un vitrail de l'hospice de Beaune (salle des convalescents).

(1) Sur le chapeau du personnage qui soutient les pieds de Notre-Seigneur, le peintre verrier a signé : *G. Duhamel pinxit.*

(2) Le *saint* (?) de gauche pourrait être saint Bernard, à cause de la chape monacale et du *lion*, qui peut tout aussi bien être pris pour un *chien*.

férend devant le monarque? Il nous semblerait téméraire de défendre une opinion préférablement à l'autre (1).

9ᵉ *fenêtre.* — La Résurrection. Notre-Seigneur, la croix triomphale dans la main gauche, est sorti du tombeau et s'avance de face, en bénissant à la manière latine. Des trois gardes, vêtus comme des soldats du XVIᵉ siècle, qui se voient en avant et de chaque côté du sépulcre, deux, assis chacun sur un petit banc, n'ont pas interrompu leur sommeil. Le troisième, étendu sur le sol, se soulève à demi et met la main devant ses yeux. Deux autres gardes, au second plan, qui n'ont pas le costume militaire, regardent au ciel avec une expression d'inquiétude. Ils sont armés de hallebardes. Deux de ces hallebardes mériteraient plutôt le nom de *fauchard.*

Le sépulcre n'est pas creusé dans le rocher, comme le disent les *Évangiles*, mais isolé au milieu d'un paysage d'arbres et de verdure. C'est un sarcophage rectangulaire en pierre, sans couvercle, orné de saints personnages en bas-relief, encadrés par des arcades cintrées. De l'un d'eux, costumé en guerrier, muni d'un bouclier et armé d'une lance, on distingue fort bien le nimbe. Le verrier aura pris pour modèle quelque tombeau comme il s'en voyait alors dans beaucoup d'églises. Au loin, à travers la verdure, on aperçoit les fortifications de Jérusalem, et l'on voit les trois Marie qui se dirigent vers le sépulcre. Des anges prient, au milieu des nuages, dans les quatre accolades trilobées qui surmontent les lancettes.

Tympan. Dans le soufflet supérieur, saint Laurent, debout, en costume de diacre, tenant de ses deux mains un livre fermé. Derrière lui se profilent les barreaux entrecroisés du gril instrument de son supplice, dont la partie supérieure, destinée à recevoir la tête, est moins large que la partie inférieure, à laquelle elle se rattache par une sorte d'étranglement (2). Deux écoinçons, à droite et à gauche, contiennent :

(1) Deux anges soutenant les instruments de la Passion qui occupent les mouchettes n'apportent aucun élément utile au problème.
(2) Cette manière de représenter le gril de saint Laurent doit être rare. Ordi-

l'un, la représentation du gril de saint Laurent, avec une forme et une disposition toutes différentes; l'autre, la palme méritée par le saint martyr.

Immédiatement au-dessous de saint Laurent se voient, dans deux mouchettes, le donateur et la donatrice de la verrière, agenouillés, semble-t-il, dans un oratoire, dont on aperçoit les petites fenêtres garnies de plombs en losange. Le mari, à droite, tête nue, est couvert d'une longue robe rouge; la femme, à gauche, a une robe verte, dont les manches montrent des revers de fourrure, et sa tête porte la coiffure plate des bourgeoises du temps de François Ier. Ces deux mouchettes, juxtaposées, séparent deux larges soufflets, sublobés comme celui du sommet, qui contiennent deux autres priantes de plus grande dimension, placées l'une et l'autre dans une pièce éclairée par de nombreuses petites baies en plein cintre garnies de plombs croisés. L'une, à gauche, encore jeune, est vêtue d'une robe verte à larges manches violettes et coiffée d'un bonnet plat de couleur rouge. Elle a les mains jointes et prie avec recueillement, les yeux baissés. L'autre, à droite, d'un âge plus avancé, a les yeux levés vers saint Laurent et semble le remercier de l'avoir délivrée, par son intercession, du démon qui l'obsédait. C'est, du moins, l'interprétation qui paraît convenir à son attitude et au monstre de couleur rouge et verte qui se sauve au-dessus de sa tête. Son costume se compose d'une robe bleue, laissant voir la chemisette à la gorge et aux épaules, avec des manches violettes dont le haut est recouvert d'étoffe verte. Peut-être ces figures se rapportent-elles à un fait de l'histoire locale dont le souvenir est aujourd'hui perdu.

10° *fenêtre*. — Les deux lancettes de gauche sont occupées par l'Apparition de Jésus à sainte Marie-Madeleine. Le Christ, appuyé sur la bêche, est couvert d'un vaste manteau rouge. Madeleine, très richement vêtue d'une robe violette doublée

---

nairement, le diacre appuie l'une de ses mains sur le gril, qui n'a que des dimensions très inférieures à celles de son corps.

d'hermine et d'un corsage rouge orné de pierreries, est agenouillée et ouvre son vase à parfums. Fond de verdure.

Troisième lancette. Saint Jean-Baptiste, revêtu d'un manteau pourpre doublé de vert, porte dans sa main gauche, couché sur le livre ouvert, l'agneau symbolique, qui soutient avec ses pattes une croix lumineuse.

Quatrième lancette. Saint Jean l'Évangéliste, tenant de la main gauche un calice d'où sort un petit monstre ailé. Le saint, qui fait sur le calice le geste de la bénédiction latine, est imberbe et assez richement vêtu.

Ces deux dernières figures sont placées en avant de draperies, derrière lesquelles se montrent les chapiteaux fantaisistes de quatre piliers carrés.

Les quatre accolades qui terminent les lancettes ne sont pas garnies d'un trilobe. Le peintre verrier y a placé quatre angelots tenant des guirlandes de fruits, en avant de quatre arcades cintrées que prolongent en perspective autant de voûtes en berceau ornées de caissons.

Tympan composé de nombreux compartiments. Dans les quatre plus larges sont les Évangélistes, accompagnés de leurs attributs ordinaires. Aux pieds de saint Jean, on voit, sur une banderole incomplète, la fin de l'inscription gothique qui le désignait : ... us Jhan. Dans un petit soufflet placé sous la clef de la fenêtre, le Père Éternel, en costume pontifical et tenant le globe surmonté d'une croix, bénit à la manière latine. Les quatre mouchettes les plus importantes contiennent des anges jouant de la harpe ou du violon.

11ᵉ *fenêtre.* — Dans les deux lancettes de gauche, Notre-Seigneur rompant le pain devant les disciples d'Emmaüs. L'appartement est orné de pilastres couverts d'arabesques, tandis que des tentures à feuillages, des tapisseries peut-être, garnissent les murailles. On aperçoit à droite l'angle d'un lit à colonnes, sur le baldaquin duquel sont rangés des vases. Une fenêtre ouverte à gauche laisse apercevoir l'hôtelier versant de la boisson dans une carafe. Le sujet ainsi encadré comprend le Christ et les deux pèlerins, ces derniers assis sur des sièges décorés dans le style de la Renaissance, de chaque côté d'une table carrée à décors du même genre, recouverte d'une étoffe damassée de couleur blanche. Un plat contenant un morceau de viande est posé sur la table, avec un pain, un couteau et un verre : on ne voit pas les autres objets. Les deux voyageurs, habillés de vêtements longs, ont rejeté dans le dos leurs larges chapeaux de paille. L'un d'eux, à la longue barbe blanche, est chauve; l'autre a le crâne couvert d'un serre-tête noué sous le menton. Le premier, sur la pèlerine duquel se voit une coquille, a gardé son bourdon appuyé contre son bras, et tous deux ont encore leurs bissacs suspendus sur leurs épaules. Un petit chien est aux pieds de celui de droite. Leur attitude exprime le saisissement qu'ils éprouvent en reconnaissant Jésus, qui, debout en arrière de la table, rompt le pain. Le Sauveur, occupé à son action, a mis contre son bras gauche son long bâton de voyage, sans gourde (1).

Dans les deux autres lancettes, Notre-Seigneur apparaît à saint Thomas. Le Christ, debout, écarte du coude son long vêtement rouge pour découvrir sa poitrine et prend de sa main droite la main droite de Thomas, qu'il approche de la blessure faite par la lance de Longin. La main gauche soutient la longue croix à laquelle est suspendu l'oriflamme du triomphe, portant lui-même l'image d'une croix. L'apôtre incrédule, un genou en terre et tête nue, est couvert de vêtements longs. Comme fond de tableau, on voit à droite une arcade en cintre aplati, portée par deux pilastres couverts d'arabesques et close par une épaisse draperie damassée de couleur violette. Du

(1) L'absence de gourde différencie seule ce bâton du bourdon des deux autres convives. Dans deux vitraux du XVIe siècle représentant la même scène, à Saint-Vincent et Saint-Patrice de Rouen, le Sauveur a un bourdon en tout semblable à celui des disciples. Il n'en a pas dans les deux panneaux de la même époque qui se voient à Paris dans l'église Saint-Étienne du Mont première fenêtre de l'abside, au nord, et l'une des fenêtres méridionales de nef).

plafond qui se projette en avant se détachent des pendentifs reliés entre eux par des nervures décrivant un cintre aplati. La vue s'étend librement à gauche sur un paysage semé de rochers, au fond duquel apparaît un château féodal. Plus près, dans la campagne, un troupeau de moutons paît, pendant que le gardien, assis à l'ombre d'un arbre, égaie sa solitude en jouant du biniou.

Les accolades trilobées des quatre lancettes sont remplies de frontons, d'arcs-boutants et d'autres arcs polylobés, à extrados décoré, le tout mêlé à des angelots sonnant de la trompette ou à de petits génies nus, de charmante allure, qui soutiennent de légères guirlandes. Au-dessus des lobes du centre se voient ici deux anges encore, là deux sirènes dont les bras se terminent par des enroulements décoratifs. Toute cette ornementation se relie mal avec le cadre au milieu duquel l'artiste a fait mouvoir les personnages de ses deux grandes scènes, et l'on peut se demander si la fenêtre n'a pas subi de remaniements et si nous contemplons bien les sujets qui y furent primitivement placés.

Le tympan comprend trois soufflets trilobés et six étroites mouchettes. Le Christ sur les nuées, étendant sa main gauche, levée comme pour montrer la plaie faite par le clou, soutient contre son épaule droite l'instrument de sa passion. Une banderole déployée à la hauteur de sa tête porte : O · CRVX · AVE · SPES · VNICA. Ce premier sujet remplit le soufflet central. Les deux autres, placés un peu plus bas, contiennent deux figures debout de saint Pierre et saint Paul, tenant leurs attributs ordinaires, saint Pierre un livre et deux clefs, saint Paul, le livre et l'épée. En arrière de chacun, on voit deux piliers carrés et une arcade cintrée. Enfin, les quatre mouchettes placées aux côtés du Christ montrent des anges adorateurs, tandis que des séraphins à quadruples ailes garnissent les deux mouchettes des bords de la fenêtre.

Cette verrière a été complètement restaurée par MM. Marette et Duhamel.

12e *fenêtre*. — La Pêche miraculeuse. Cette verrière est une de celles qui ont le moins eu besoin de réparations. La disposition du sujet a, d'ailleurs, quelque ampleur et, si les multiples compartiments du tympan n'ont pu, à part un saint Martin partageant son manteau, recevoir que des motifs purement décoratifs, l'ensemble n'en offre pas moins un remarquable caractère d'unité.

Nous sommes sur le rivage, vers lequel les apôtres dirigent leur bateau. Saint Pierre s'est mis à l'eau, et, les mains jointes, dans l'attitude de la surprise et de la reconnaissance, il s'avance vers le Christ, qui, debout à gauche sur la rive, lève la main vers le ciel. Sept apôtres, parmi lesquels saint Jean, tout jeune et imberbe, sont restés dans la barque : la plupart expriment leur étonnement. Deux d'entre eux maintiennent avec peine au-dessus de l'eau un filet rempli d'une prodigieuse quantité de poissons. Deux hommes, des matelots, l'un au pied du mât, l'autre à l'échelle de corde, s'occupent à carguer la voile. Deux autres bateaux, à mât unique, voguent sur le lac. Un autre, les voiles serrées, se voit au loin, près de la rive. Le rivage du fond offre un paysage d'une variété extraordinaire et d'une grande fraîcheur de coloris : collines, montagnes, bois, prairies, rochers creusés d'habitations auxquelles on accède par des escaliers, châteaux féodaux, et même une ville, avec un pont enjambant une rivière qui se jette dans le lac immédiatement au-dessous.

Comme couronnement, dans les quatre accolades trilobées, des motifs d'arabesques. Au-dessus, d'autres motifs du même genre, mêlés à des anges et à des génies, voire même à des animaux fantaisistes ou grotesques, garnissent les dix mouchettes du tympan. Le soufflet qui occupe le sommet de la fenêtre contient un saint Martin à cheval, la tête coiffée d'une toque à plume, coupant son manteau pour en donner la moitié à un pauvre.

N'oublions pas de mentionner une particularité curieuse de cette verrière. La grande scène que nous avons décrite est bordée latéralement par deux pilastres étroits, sur lesquels apparaissent, dans de petites niches, seize personnages de dimensions très réduites. On y reconnaît des anges, des génies, des satyres, des hommes le menton et les mains appuyés sur un long bâton. Ce sont évidemment des motifs de pure ornementation. Nous avons déjà vu une bordure de ce genre à la troisième fenêtre du collatéral nord et il existe une disposition identique dans l'une des verrières qui éclairent les chapelles méridionales de la nef de l'église Saint-Pierre de Dreux.

13e *fenêtre*. — L'Ascension. Cette fenêtre couronne la divine épopée que les artistes verriers ont déroulée dans les baies précédentes.

Le Christ disparaît déjà dans les nuées, au soufflet supérieur du remplage : on ne voit plus que ses pieds et la partie inférieure de son vêtement (1). Des anges, des chérubins à quadruples ailes, l'accompagnent dans les nombreuses mouchettes. Pendant ce temps, les apôtres et Marie, agenouillés à terre, lèvent les yeux au ciel et font des gestes d'étonnement et d'admiration, à l'exception de saint Paul, qui, reconnaissable à son front chauve et à sa barbe, se prosterne et adore silencieusement la puissance infinie de Dieu. En arrière du groupe, on voit le petit monticule d'où le Sauveur s'est élevé vers le ciel. Des arbres et quelques édifices dans le lointain. Cette scène se passe naturellement en plein air et au milieu de la campagne. On ne comprend donc pas pourquoi l'artiste lui a donné un encadrement d'architecture, socle et stylobate orné d'une frise de motifs Renaissance, colonnes latérales trapues, reposant sur des piédestaux décorés avec

(1) L'Ascension de Jésus-Christ a souvent été représentée ainsi. Voyez des vitraux du XVIe siècle dans les églises de Beaumont-le-Roger, de Conches, de Dreux (les pieds du Sauveur ont laissé deux empreintes lumineuses à l'endroit où ils étaient placés), de Saint-Étienne du Mont, à Paris, d'Auffay (Seine-Inférieure); un bas relief en bois du XVIe siècle dans l'église d'Ouzouer-des-Champs (Loiret); une des peintures murales exécutées dans la nef de Saint-Germain des Prés par M. Paul Flandrin, d'après l'esquisse de son frère Hippolyte, etc.

fantaisie de dauphins, et dont les chapiteaux à griffons soutiennent une poutre ou architrave couverte de têtes d'anges ailées et de losanges. Sur cette poutre reposent deux frontons Renaissance, amortis chacun par un groupe de trois têtes d'anges, et deux motifs d'arabesques mêlés d'angelots, qui garnissent les quatre accolades trilobées.

14º *fenêtre*. — Le Triomphe de l'Église. La fenêtre a été disposée pour la verrière qui l'occupe : les quatre lancettes envahissent le tympan, afin de permettre le développement de la pensée de l'artiste. En bas sont les hommes adorant Dieu ; en haut, le séjour divin du paradis.

Un édifice important forme, dans la scène du bas, le second plan du tableau. C'est une église avec transept, au centre de laquelle s'élève un clocher terminé en flèche et simplement profilé de chaque côté du meneau central. En avant, sont rangés, à genoux les uns derrière les autres, à droite les princes de la terre, à gauche les ecclésiastiques. En tête des premiers se trouve l'empereur, auquel l'artiste a donné la physionomie traditionnelle de Charlemagne : il a la tête ceinte de la couronne fermée et un manteau de pourpre est jeté sur son armure. Derrière lui vient le roi de France, dont la physionomie rappelle visiblement celle de saint Louis : il est couvert du manteau bleu fleurdelisé. Ces deux personnages principaux sont accompagnés de princes de toutes les nations ; on aperçoit même au dernier plan des princesses coiffées de hennins pointus ou élargis par le haut.

A gauche, en face de l'empereur, est agenouillé le pape, en costume pontifical. Derrière lui, on reconnaît un cardinal, des évêques, des prêtres, des religieux. Le fond du tableau, à droite et à gauche, laisse apercevoir des paysages et des châteaux.

La Trinité divine apparaît au sommet de la fenêtre, entourée d'anges en adoration. Dieu le Père et Jésus-Christ, à sa droite, sont assis sur un long banc de pierre à haut dossier, dont les parties planes sont garnies d'ornements Renaissance. Dieu le Père, la tête ceinte d'une couronne fermée de forme assez élevée, les épaules couvertes d'une chape à fermail (1), porte dans sa main gauche le globe crucigère et soutient de l'autre le livre mystique, que le Fils et lui présentent ouvert aux regards des humains. Le Fils, la poitrine nue, est enveloppé dans un grand manteau d'une couleur rouge légèrement violacée. Au-dessus d'eux, dans le soufflet qui occupe la pointe de la fenêtre, plane le Saint-Esprit, entre deux anges voletant et munis chacun de quatre ailes flamboyantes. Le soleil et la lune, accompagnés l'un et l'autre de trois étoiles, occupent les deux compartiments latéraux du tympan. A droite et à gauche des trois Personnes, on voit les bienheureux qui les adorent. On reconnaît la Vierge, saint Pierre et saint Paul. L'évêque agenouillé à gauche, au premier plan, le prêtre couvert de la chasuble ample qui est en prière à droite et les personnages placés derrière eux sont-ils les donateurs de la verrière ou, du moins, des bienfaiteurs de l'église de Nonancourt ? Nous ne saurions le dire. Peut-être faut-il voir en eux des représentants des diverses classes sociales à qui leurs vertus ont mérité le paradis, comme l'artiste a figuré en bas ceux qui vivent en y aspirant.

Les deux zones dont se compose le vitrail sont séparées par des nuages et par un espace de ciel bleu, au milieu duquel flottent des banderoles portant des inscriptions gothiques à la gloire de la divinité :

· Trinitas : sctâ — Te · Deum : laudamus — · te : Dominum : confitemor — Te æternû prm oîs — terra : veneratur.

La plus grande partie de la zone inférieure a été refaite à l'époque moderne. Les parties anciennes comprennent surtout le groupe placé derrière le pape, l'évêque et le cardinal.

---

(1) « La chape n'est pas seulement un vêtement sacerdotal et pontifical : elle est aussi un insigne souverain. » (Mgr Barbier de Montault, la Vierge du Rosaire à l'église de Mousson, p. 3.)

Les phylactères à inscriptions sont également modernes. Mais la partie supérieure du vitrail n'a subi que de légères réparations.

.·.

Nous eussions vivement désiré savoir à quels artistes ou, du moins, à quel centre artistique il convient de faire honneur des intéressantes peintures translucides que nous venons de décrire. Aucune signature, aucun monogramme n'a pu nous renseigner. Aucune date même ne nous a permis de limiter avec assurance le champ des investigations, et les inscriptions de donation, dans les rares occasions où elles existent, sont, on l'a vu, de la plus complète insignifiance. Restaient donc, comme ressources de classement, les caractères distinctifs des tableaux que nous avions sous les yeux, c'est-à-dire la plus ou moins grande intensité des coloris, la répétition de certains tons et de certains motifs décoratifs, la pureté ou l'imperfection du dessin, la prédilection marquée de l'artiste pour tel type ou telle attitude, enfin et avant tout des similitudes plus ou moins nombreuses avec les séries des pays d'alentour. La tâche était difficile. Elle était encore accrue par ce fait que presques toutes les fenêtres ont été l'objet, les unes en 1855, les autres à une époque plus récente, d'une restauration que leur état déplorable a rendu forcément importante, trop importante aux yeux d'un archéologue : des panneaux entiers doivent être considérés comme neufs. Dans ces conditions, il faut en convenir, le critique est trop exposé à marcher à l'aventure. Nous avons cherché cependant des points de comparaison qui permissent de penser à tel groupe régional plutôt qu'à tel autre. Nos recherches ont été infructueuses.

Les verrières de Nonancourt peuvent être partagées en deux séries. Celles qui garnissent les fenêtres des bas-côtés paraissent de la première moitié du règne de François Ier, tandis que celles des fenêtres supérieures doivent être de quelques années moins anciennes. L'intervalle d'exécution ne saurait, d'ailleurs, avoir été considérable, et l'effort généreux des habitants se poursuivit sans faiblesse jusqu'au parfait accomplissement de leur dessein. Une tradition recueillie par feu l'abbé Ledanois, curé de la Madeleine-de-Nonancourt, dont nous avons déjà parlé, voudrait pourtant que, dans l'une des verrières de la nef, ait figuré, avec ses armoiries, Jacques Borée, curé de Saint-Martin, mort en 1608. Mais rien aujourd'hui ne justifie cette assertion.

Les différences entre les deux ensembles indiqués sont assez tranchées. Les grandes fenêtres se distinguent, en général, par une certaine sécheresse de dessin, que compense fort heureusement une grande entente de la composition : ce sont, pour la plupart, des tableaux où l'air circule et où les personnages se meuvent à l'aise. Quant à la coloration, elle est souvent éclatante : les tons, vifs et francs, affectent parfois même une certaine crudité. Dans les fenêtres basses, tout au contraire, des teintes lourdes et sans relief, des personnages trapus, dessinés d'une façon assez incorrecte, témoignent d'une moins grande habileté des peintres verriers. Si cette deuxième série sort bien évidemment d'un seul et même atelier, on y remarque cependant des différences sensibles qui dénotent la main de plusieurs ouvriers. Le vitrail de saint Martin, dans le bas-côté nord, rapproché des deux premières fenêtres du même bas-côté, peut servir de justification à cette opinion. On reconnaît, dans les verrières supérieures, un faire procédant directement des traditions gothiques, avec certains indices d'influences en réalité assez mélangées, tandis que les panneaux des bas-côtés feraient penser plutôt à des gravures allemandes grossièrement interprétées.

Quoi qu'il en soit, il est impossible, dans leur état actuel, de rapprocher avec certitude les vitraux de Nonancourt de ceux de Saint-Pierre de Dreux, auxquels travaillèrent, d'ailleurs, les mains les plus diverses (1). L'école chartraine, telle qu'on peut l'apprécier à Saint-Aignan de Chartres et à Nogent-le-Roi, se fait remarquer par des caractères tout opposés (2). On ne peut davantage tirer aucune indication de la comparaison avec les belles séries qui se voient à Conches (3), à Bernay et à Pont-Audemer, et, si l'on se tourne vers Argentan et Alençon, on se trouve en présence d'impossibilités plus grandes encore. En résumé, les vitraux de Nonancourt restent à classer, et nous sommes obligé de laisser la solution du problème à de plus habiles ou à de plus heureux.

VI.

L'église de Nonancourt n'est pas riche en inscriptions. Nous n'y avons relevé que deux épitaphes, qui ne sont pas antérieures au dix-septième siècle. Toutes deux sont encastrées à l'intérieur, dans la muraille occidentale de la grande chapelle du Rosaire. La première, gravée très grossièrement sur une pierre de petites dimensions (4), portant au sommet un écu saillant, sans pièces héraldiques, indique la sépulture de Cardin Le Mareschal, avocat à Nonancourt, de sa femme et de leur fils. Elle est ainsi conçue :

---

(1) Peut-être pourrait-on, à la rigueur, relever quelques rares analogies avec les fenêtres des chapelles de la nef de Dreux, si celles-ci n'avaient également été trop restaurées. Les coloris sont, à Dreux, plus éclatants et aussi plus monotones : les bleus et les rouges dominent avec une insistance excessive.

(2) Tons plus doux, sauf les rouges, toujours très intenses; ensemble plus harmonieux, bien que le dessin soit parfois médiocre; groupement des personnages encore plus habile.

(3) Les maîtres de Conches, sauf quelques-uns de ceux qui travaillèrent à la Vie de sainte Foy et à la Vie du Christ, étaient infiniment plus expérimentés. Leurs compositions ont une ampleur et une véritable aisance qui, en définitive, se remarquent rarement dans les scènes plus haut décrites.

(4) Hauteur : 25 cent.; largeur : 35 cent.

> CY GIST : M · CARDIN LE
> MARELCHAL (sic) ADVOCAT · EN
> CE LIEV QVI DECEDA LE
> PREM · IOVR · DE MAY : 1632
> ET · DAME · ROBERDE · MARCELET
> SA FAMME QVI DECEDA · LE 20 ·
> DE · MAY · 1639 · PRIE DIEV POVR
> EVX ET JACQVES · MARESCHAL · LEVR
> FILS · QVI · DECEDA · LE · 18 · AVRIL · 169. (1).

La seconde épitaphe est celle de Pierre L'Hôpital, marchand tanneur à Nonancourt. Elle est inscrite en relief sur une plaque de fonte (2) placée au-dessous de l'inscription précédente, au niveau du sol. En voici le texte :

> CY GIST † LE † † CORPS † DE †
> HONORABLE † HOMME †· ·
> PIERRE † LHOPITAL † MARCH
> AND † TANNEVR † DE CETTE †
> VILLE † DE · NONANCOVRT †· ·
> LE · QVEL † A · ESTEY · IN · ·
> HVMMEY † LE · PREMIER· ·
> IOVR · DE † IVILLET † 1687
> PRIEZ † DIEV † POVR · LE †· ·
> RESPOS · DE · SON † AME
> VN † DE † PROFVNDIS · ·

Au-dessous, on voit un cœur en relief contenant le monogramme IHS entouré de la couronne d'épines.

Outre deux tintenelles sans inscription, sur lesquelles sonnent les quarts d'heure et les demi-heures, le clocher renferme quatre cloches. La plus petite, seule antérieure à la Révolution, provient de la chapelle, aujourd'hui détruite, de

(1) Le dernier chiffre est illisible.
(2) Hauteur : 31 cent.; largeur : 33 cent.

l'ancien hôtel-Dieu de Nonancourt (1). Elle mesure 60 centimètres de diamètre et porte l'inscription suivante :

☩ LAN 1761 JAY ETE BENIE (sic) PAR ME PIERRE MORAND TRES DIGNE PRETRE ET CVVRE DE CETTE VILLE

☞ NOMMEE GABRIELLE ANGELIQVE PAR ME GABRIEL IAN SR DHAVTETERRE (2) AVOCAT EN PARLEMENT

☞ MAIRE DE CETTE VILLE ET PAR DAM^e ANGELIQVE SOREL EPOVSE DE ME IEAN BEAVFILS CO^NER DV

(3) ROY LIEVTENANT GENERAL DE POLICE CO^NER AVX SIEGES ROYAVX ET SVBDELEGVE DE CETTE VILLE

☞ ME JACQVES LHOPITAL PRETRE PRIEVR DE CET HOTEL DIEV ME FRANCOIS REVEL IER

☞ ADMINISTRATEVR FRANCOIS BECHELIEPVR[E] 2 ADMINISTRATEVR DVD HOTEL DIEV LE CLOCHER

☞ DE CETTE EGLISE EDIFFIE EN LA MEME ANNEE.

L'ornementation comprend quatre têtes d'anges surmontées chacune d'une fleur de lis, un Christ en croix aux pieds duquel se trouve la Madeleine agenouillée, et une Vierge couronnée, sceptre en main, portant sur son bras l'enfant Jésus. Entre ces deux derniers sujets, qui se trouvent sur la panse de la cloche, on voit la marque du fondeur, formée d'un cartouche circulaire contenant la représentation d'une cloche, avec le nom en exergue : NICOLAS SIMONNO.

Ce fondeur, dont le nom doit s'écrire Simonnot (4), était établi à Nonancourt même, d'où il a fourni un grand nombre de cloches aux églises de l'ancien diocèse d'Évreux. Il était originaire de Brevannes en Lorraine, comme beaucoup de ses confrères (5).

(1) L'hospice actuel s'élève sur le même emplacement, mais on n'y retrouve rien des anciennes constructions.
(2) Fief et ferme dépendant de la Madeleine-de-Nonancourt.
(3) Il n'y a pas de main indicatrice au commencement de cette ligne.
(4) Le manque d'espace est la seule cause de l'absence du *t* final sur la marque.
(5) Nous comptons publier une notice sur la famille des Simonnot fondeurs de cloches.

Les trois cloches principales ont été fondues, la grosse en 1820, les deux autres en 1823, par un praticien du nom de Copie, dont les œuvres sont rares dans notre département (1). Chacune de ces cloches est signée : COPIE FECIT, sur la panse, au-dessous d'une croix. Voici les trois inscriptions qui se lisent autour du cerveau :

Grosse. — *Diamètre :* 1^m,11.

† L'AN 1820 AD MAJOREM DEI GLORIAM JAI ETE BENITE PAR MR LABBE PAINCHON CHANOINE DE LA CATHEDRALE D'EVREUX & VICAIRE GENERAL DU DIOCESE (2) | & NOMMEE BARBE CONSTANCE PAR MR PIERRE NICOLAS LHOPITAL NE A NONANCOURT PROPRIETAIRE MEMBRE DU CONSEIL MUNICIPAL D'EVREUX & DIRECTEUR DES CONTRIBUTIONS | INDIRECTES & PAR DAME LOUISE FRANCOISE CONSTANCE LE ROUYER DE LA FOSSE EPOUSE DE MR PIERRE REVEL S^T ANGE PROPRIETAIRE MAIRE DE CETTE VILLE | M^{RS} MASSON CURE DE NONANCOURT LOUIS FRANCOIS GUY MARGUILLIER DHONNEUR ANDRE MASSU MARGUILLIER COMPTABLE JEAN BAPTISTE LAURENT JACQUES AIME MASSON JEAN VANHARD | MEMBRES DU CONSEIL DE FABRIQUE (3).

Moyenne. — *Diamètre :* 1^m,27.

† L'AN DE J C 1823 JAI ETE DONNEE A LEGLISE DE NONANCOURT PAR UNE PERSONNE BIENFAISANTE & RELIGIEUSE QUI A VOULU RESTER INCONNUE DAPRES LA | DECLARATION DE MR DESPESRUCHES QUI SETOIT CHARGE DEN FAIRE LOFFRE AU CONSEIL GENERAL DE LA FABRIQUE & BENITE PAR MR MASSON CURE DE | CETTE VILLE JAI ETE NOMMEE MARIE THERESE CHARLOTTE PAR LES MARGUILLIERS SAVOIR

---

(1) Il avait établi son atelier pour la circonstance à la Madeleine-de-Nonancourt.
(2) En présence de Mgr Bourlier, évêque d'Évreux, alors âgé de quatre-vingt-neuf ans.
(3) Le mouton de cette cloche lui est antérieur, car il porte l'inscription que voici :

L'AN 1816
POZÉ P. T. LEFORT

Mᴿˢ LF GUI JB LAURENT JF MASSON P MESNARD & F RENOUARD |
Mᴿˢ Sᵀ ANGE MAIRE & DESPESRUCHES ADJOINT ✝ VIVE LE ROY & LES
BOURBONS.

Petite. — *Diamètre* : 1ᵐ,16.

✝ LAN 1823 JAI ETE DONNEE A LEGLISE DE NONANCOURT PAR UNE
PERSONNE BIENFAISANTE & RELIGIEUSE QUI A VOULU RESTER IN-
CONNUE | DAPRES LA DECLARATION DE Mᴿ DESPESRUCHES QUI SETOIT
CAHRGE (sic) DEN FAIRE LOFFRE AU CONSEIL GENERAL DE LA FA-
BRIQUE & BENITE PAR Mᴿ | MASSON CURE DE CETTE VILLE JAI ETE
NOMMEE CAROLINE LOUISE FERDINANDE PAR LES MARGUILLIERS SA-
VOIR Mᴿˢ LF GUI JB LAURENT JF MASSON | P MESNARD & F RENOUARD
Mᴿˢ Sᵀ ANGE MAIRE & DESPESRUCHES ADJOINT VIVE LE ROY & LES
BOURBONS ✝ (1)..

Les travaux exécutés il y a dix ans au chœur de l'église de
Nonancourt furent occasionnés par un accident inattendu.
Mais, en réalité, l'édifice tout entier avait besoin, dès cette
époque, de réparations plus importantes : les dallages supé-
rieurs des bas-côtés, en mauvais état, compromettaient la so-
lidité des voûtes, qui avait déjà subi de graves atteintes, les
arcs-boutants se disjoignaient, leurs culées s'affaissaient et les
murailles, en général, souffraient de dégradations dont de
longtemps on n'avait su les préserver. Depuis, le mal n'a cessé
de s'aggraver, et M. l'abbé Lefebvre, curé-doyen, devant l'im-
périeuse nécessité d'agir, dut faire dresser par M. Darcy, architecte diocésain, un devis complet de restauration, dont le
chiffre s'élève à 32.547 fr. 56. Pour faire face à cette dé-
pense, le conseil de fabrique, au risque de se trouver plus tard

(1) Dans un volumineux travail in ... ...on de *Clinchamp-Bellegarde :
Histoire généalogique* (Paris, 1870, l. ..., M. J. Noulens rappelle que deux
membres de cette famille furent parrain et marraine de deux cloches à Nonancourt : ce fut d'abord, en 1633, Marie de Lombelon des Essarts, femme de
François de Clinchamp, marquis de Bellegarde, puis en 1695 Antoine-Robert
de Clinchamp, marquis de Bellegarde (p. 508, note 3, et p. 500) ; mais l'auteur a le tort d'affirmer, comme s'il les avait vues, que ces cloches existent
encore.

privé des ressources les plus indispensables, n'hésita pas à décider l'aliénation d'une rente dont le capital lui permettra de contribuer au paiement pour 7.500 fr.; le budget communal, très obéré, n'a pu fournir que 1.000 fr.; mais le conseil général, sur le rapport de M. Vauquelin, a voté une somme de 3.000 fr. et renvoyé au ministère des cultes, en l'appuyant d'un avis très favorable, une demande de subvention pour tout ou partie du surplus. 6.000 francs seulement ont pu être accordés, mais M. le curé n'a pas perdu courage : confiant dans la protection de la Providence, il a le ferme espoir d'être secouru et de pouvoir mener à bien l'œuvre considérable qu'il a entreprise.

A l'heure actuelle, voici quelques mois déjà que les ouvriers sont à la besogne. Il serait très désirable que l'on profitât de ces travaux pour débarrasser le monument du plâtre qui en trop d'endroits le déshonore, particulièrement à la façade, pour faire disparaître le badigeon grisâtre qui couvre les murs à l'intérieur et pour rendre aux piliers du chœur leur forme primitive, si déplorablement modifiée dans le cours du dix-huitième siècle. Tout cela terminé, l'église de Nonancourt aura repris l'élégant aspect que surent lui donner à grands frais les habitants de la ville il y a trois cents ans, et c'est avec une légitime satisfaction que les paroissiens pourront contempler l'édifice rajeuni grâce à leurs sacrifices et aux efforts de leur pasteur.

PIÈCE JUSTIFICATIVE.

Transaction entre Ambroise Le Veneur, évêque d'Évreux, et les habitants de Nonancourt, relativement à la reconstruction de l'église (12 septembre 1511).

A tous ceux qui ces présentes verront, Guillaume Parent, écuier, seigneur de Boizé, vicomte d'Évreux, salut, sçavoir faisons que, par devant Jean Du Souché et Pierre Marguery, tabellions jurés en lad. vicomté pour le roi notre sire, furent présens vénérables et circonspectes personnes M⁰ Thomas Gansel, chantre, Louis Bonnel et Jean Tinturier, chanoines en l'église cathédrale Notre Dame d'Évreux, vicaires de révérend père en Dieu Monsieur Ambroise Le Veneur, évêque du dit Evreux, et eux faisant fort de lui, promettant qu'il aura ce qui s'ensuit agréable et lui feront ratifier toutes fois; lesquels connurent et confessèrent avoir donné congé, permission et licence aux bourgeois, paroissiens, manans et habitans de la paroisse de Sᵗ Martin de Nonancourt d'abattre et démolir le chancel de lad. paroisse et église de Sᵗ Martin et icelui faire réédifier de neuf à la conformité de la nef de lad. église que les d. bourgeois et paroissiens et habitans ont piéça commencée à faire édifier à neuf, et laquelle nef est de present preste de voûter. Ce fait moyennant que Mathurin Faucil et Robert L'hôpital, trésoriers de lad. eglise, présens et stipulant pour eux et faisant fort des autres paroissiens de lad. paroisse, promettant iceux faire ratiffier toutes fois, se submirent et obligèrent par ces présentes faire faire le dit chancel tout de neuf à leurs propres cousts et dépens, sans en rien demander audit sieur évêque, collateur de plain droit de laditte église, et auquel, en général, les grosses dixmes de la ditte paroisse appartiennent, si non pour autant qu'il lui plaira leur donner et aumosner, sauf toutefois leur poursuite vers les héritiers, exécuteurs ou détenteurs des biens de feu révérend père en Dieu Monsieur Raoul Du Fou, n'aguères décédé, en son vivant prédécesseur immédiat dud. sieur évêque à présent, soutenir vers eux qu'ils sont sujets à porter et payer ce qu'il coûtera à la réédification dud. chancel, et sauf aussi que, si, au fait à venir, étoit besoin de réparer le dit chancel après qu'il aura été réédiffié et mis en état par les d. bourgeois, paroissiens et habitans, icelui sieur évêque et ses successeurs seront sujets à la réparation du dit chancel et non des chapelles qui seront aux deux côtés dud. chancel; et s'il avenoit que, par fortune de feu, tonnerre, foudre, guerre ou autres inconvéniens, le d. chancel fût totalement démoli et le convînt réédifier de neuf, led. sieur évêque ne ses successeurs ne seront sujets y employer et convertir que la somme de quatre cent quarante livres tournois pour toute chose, qui est la somme à laquelle, par information deument faite, du consentement des d. paroissiens, se pourroit monter la réédification du d. chancel pour le faire en la forme et essence qu'il est de présent; et ne pourront pour l'avenir lesd. paroissiens contraindre led. évêque ne ses successeurs de plus grande somme dessus ditte, de quelqu'essence qu'ils le voulussent faire; à quoi lesd. vicaires se sont consentis, parce que, par la visitation qu'ils ont fait faire, à la requeste et du consentement desd. paroissiens, il appert que led. chancel qui est de présent eût été deforme (1) à la nef, qu'ils ont fait faire de pierre de taille, et le dit chancel n'est que de caillou à chaux et sablon, qui pourroit

---

(1) Difforme.

tomber en ruine et décadence. Et à tout ce que dit est tenir et entretenir, fournir et deument accomplir de point en point, les d. vicaires en ont obligé les biens temporels et revenus du dit sieur évêque présens et à venir, en tant que faire le peuvent, à prendre et vendre par main de justice partout où ils seront trouvés, et paier tous cousts, mises et journées, intérests, dommages, et dépens qui fait seroit (*sic*) par défaut d'accomplir tout ce que dit est. En témoin de ce, nous, à la relation desd. tabellions, avons mis à ces présentes le scel aux obligations de lad. vicomté. Ce fut fait le vendredi douzième jour de septembre, l'an de grâce mil cinq cent onze, présence de vénérable et discrète personne M⁰ Jean Chauvin, prestre, licentié en chacun droit, curé de la Haye de Callenet (1), et Jean Gatinet, semblablement prestre, chaplain de lad. église Notre Dame d'Évreux. Signé enfin Du Souché et Marguery, avec grille et paraphe.

(*D'après une copie de feu M. Ledanois, curé de la Madeleine-de-Nonancourt, sans indication de source.*)

(1) Il faut lire *la Haye de Calleville*. Jean Chauvin fut curé de cette paroisse depuis le 5 mai 1505 jusqu'au 22 juin 1511, époque où il donna sa démission. (Grand pouillé du diocèse d'Évreux, 6ᵉ vol. Arch. de l'Eure, G. 27.)

TABLE ALPHABÉTIQUE

Adoration des Mages (l'), vitr., 31.
Aguetz (Oise) (l'église d'), 31.
Aix-en-Provence, 29.
Alençon (vitraux de l'église N.-D. d'), 53.
Alphée, vitr., 26, 28.
Ange emportant l'âme du bon larron, vitr., 40.
Angers (l'église Saint-Serge d'), 9.
Anges dans plusieurs vitraux, 37, 46, 47, 48, 49; — assistant à la naissance de la Vierge, vitr., 34; — jouant de divers instruments, sculpt., 21; vitr., 37, 44; — portant les instruments de la Passion, vitr., 39, 42; — sonnant de la trompette, vitr., 26, 37, 46.
Anglais (les), 4.
Anjou (l'), 9.
Anjou (Louis, duc d'), 35.
Anne (sainte) et la Vierge, sculpt., 23; — la Vierge et l'enfant Jésus, vitr., 26; — (la Descendance de sainte), vitr., 26, 27; — dans la Naissance de la Vierge, vitr., 34.
Apôtres (les), dans l'Entrée de Jésus à Jérusalem, vitr., 36; — dans la Pêche miraculeuse, vitr., 47; — assistant à l'Ascension, vitr., 48; — recevant le Saint-Esprit, tabl., 23.
Apôtres enfants (les), vitr., 26, 27.
Argentan (l'église Saint-Germain d'), 10; — (vitr. des églises d'), 53.
Armoiries de Nonancourt, 11.
Armoiries diverses, 11, 12, 21, 22, 40.
Arques (Seine-Inférieure) (l'église d'), 8.
Ascension (l'), vitr., 48.

Aubusson, 26.
Audin (ou Ouen), évêque d'Évreux, 3.
Auffay (Seine-Inf.) (vitraux d'), 48.
Aumale (Seine-Inf.) (l'église d'), 8.
Autel (maître-) de Nonancourt, 22.
Availles (Vienne) (le prieuré d'), 4.
Bagnolet (Seine) (vitrail dans l'église de), 31.
Bailleul-sur-Thérain (Oise), 26.
Banc-d'œuvre de Nonancourt, 21.
Barbe (sainte), vitr., 26.
Barbier de Montault (Mgr), 4, 38, 50.
Bar-le-Duc (l'église N.-D. de), 31.
Barnabé (saint) enfant, 27.
Basly (Calvados) (l'église de), 17.
Baudry (Paul), 28.
Baux-de-Breteuil (les) (Eure), 25.
Bayeux, 6; — (la cathédrale de), 31.
Bazanville (Calvados) (l'église de), 17.
Beaufils (Jean), lieutenant général de police et subdélégué de Nonancourt, 55.
Beaumontel (Eure), 33.
Beaumont-le-Roger (Eure) (l'église de), 8; — (vitraux de), 36, 48.
Beaune (hospice de), 41.
Beauvais (l'église Saint-Étienne de), 9; — (musée de), 38.
Bechelièpvre (François), administrateur de l'Hôtel-Dieu de Nonancourt, 55.
Bégule, 40.
Bellegarde. V. Clinchamp.
Bellier de la Chavignerie (E.), 29.
Belmesnil (Seine-Inf.), 33.
Bernard (saint) (?), vitr., 41.

Bernay (l'église de la Couture de), 16; — ses vitraux, 53.
Berne (la cathédrale de), 10.
Beuzelin, 17.
Blosseville-ès-Plains (Seine-Inf.) (vitraux de), 29.
Bollandistes (les Petits), 30.
Bonnel (Louis), chanoine de la cathédrale d'Évreux, 59.
Bordeaux (R.), 25.
Borée (Jacques), curé de Saint-Martin de Nonancourt, 52.
Bornel (Oise) (l'église de), 31.
Bouet (G.), 35.
Bourlier (Mgr), évêque d'Évreux, 56.
Bray (Eure) (l'église de), 18.
Bréquigny, 4.
Breteuil (la forêt de), 25.
Brevannes (Haute-Marne), 55.
Bruxelles (le musée royal de), 26.
Buffet d'orgues de Nonancourt, 20.

Caïphe (Jésus devant), vitr., 39.
Canel, 11.
Caresme, 11.
Caudebec-en-Caux (l'église de), 8.
Caumont (de), 35.
Cène (la), vitraux, 25, 37.
Chaire à prêcher de Nonancourt, 21.
Chambly (Oise) (l'église de), 38.
Chapelle-Yvon (Calvados) (l'église de la), 35.
Charité (confrérie de) de Nonancourt, 22.
Charlemagne, dans le Triomphe de l'Église, vitr., 49.
Charles VI, roi de France, 4.
Charpillon, 11.
Charte de commune octroyée à la ville de Nonancourt, 4.
Chartres (l'église Saint-Aignan de), 8; — ses vitraux, 53; — (l'église Saint-Pierre de), 17.
Chassant, 11.
Chaumont-en-Vexin (Oise) (l'église de), 10.
Chauvin (Jean), curé de la Haye-de-Calleville, 61.
Chemin (famille), 22.
Chennevières (de), 29.
Chérisé (Sarthe) (fonts baptismaux de), 22.

Chevalier (Étienne), 28.
Christ (le) baptisé, vitr., 33; — transfiguré, vitr., 32, 39; — et la Samaritaine, 25; — entrant à Jérusalem, vitraux, 25, 36; — lavant les pieds des apôtres, 25; — au jardin des Oliviers, vitr., 25; — devant Caïphe, vitr., 39; — flagellé, vitraux, 25, 39, — portant sa croix, vitr., 39; — tombant sous le poids de sa croix, vitr., 25; — en croix, vitr., 25, 10 (V. Trinité); fig. sur une cloche, 55; — enseveli, vitr., 40; — sortant du tombeau, vitr., 42; — apparaissant à sainte Marie-Madeleine, vitr., 43; — et les disciples d'Emmaüs, vitr., 44; — sur les nuées et tenant sa croix, vitr., 46; — en gloire, vitr., 32; — dans le Triomphe de l'Église, vitr., 49; — apparaissant à saint Grégoire pendant la messe, vitr., 38. V. Ascension, Cène, Ecce Homo, Lazare (résurrection de), Pêche miraculeuse.
Cissey, architecte, 7.
Clermont (Oise) (l'église de), 20.
Clinchamp (Antoine-Robert de), marquis de Bellegarde, 57.
Clinchamp (François de), marquis de Bellegarde, 57.
Clinchamp-Bellegarde (maison de), 57.
Cloches de l'église de Nonancourt, 54.
Clotilde (Vierge à l'Enfant, baptisée sainte), dans l'église d'Ivry-la-Bataille, 31.
Colleville-sur-Mer (Calvados) (l'église de), 17.
Commune de Nonancourt (Charte de la), 4.
Conches (l'église de), 2, 7; — ses vitraux, 31, 48, 53.
Condamin, 10.
Copie, fondeur de cloches, 56.
Corbeil (l'église Saint-Spire de), 17.
Corporalier conservé dans l'église de Nonancourt, 21.
Courtenay (maison de), 11; — ses armoiries, 21.
Coutances (l'église Saint-Pierre de), 18.

Darcy, architecte diocésain, 57.
Daret (Jean), peintre, 28.
Darnetal (Seine-Inf.) (l'église de Longpaon à), 8.
Delbarre, 11.
Delisle (Jacques), 2.
Delisle (Léopold), 1.
Demaison, 35.
Démon (le) vaincu par saint Michel, vtr., 25; — emportant l'âme du mauvais larron, 40.
Description de l'église de Nonancourt : plan, 7; — intérieur, 8; — extérieur, 15; — mobilier, 20; — vitraux du bas-côté N., 24; — du déambulatoire, 31; — de la chapelle de la Vierge, 32; — du bas-côté S., 33; — des hautes fenêtres, 35; — inscriptions, 53.
Des Essarts (Marie de Lombelon), femme de François de Clinchamp, marquis de Bellegarde, 57.
Despesruches, adjoint au maire de Nonancourt, 56, 57.
Devals aîné, 30.
D'Hozier, 11.
Diane chasseresse, 31.
Dieu le Père bénissant, vitraux, 36, 40, 44; — dans le Triomphe de l'Église, vitr., 49. V. Trinité.
Dillon (Arthur), évêque d'Évreux, 6.
Dinant (Belgique) (fonts baptismaux à), 22.
Donateurs de verrières représentés, 34, 43.
Douville (Pierre-Annibal), curé de Nonancourt, 6.
Dreux, 23; — (l'église de), 9; — ses vitraux, 48, 52, 53.
Du Fou (Raoul), évêque d'Évreux, 4, 5, 60.
Duhamel (G.), peintre verrier, 41. V. Marette et Duhamel.
Du Souché (Jean), tabellion en la vicomté d'Évreux, 5, 59, 61.

Ecce Homo, vitr., 25.
Église (le Triomphe de l'), vitr., 49.
Élie, dans la Transfiguration, vitr., 39.
Épitaphes de l'église de Nonancourt, 53.
Étampes (l'église Saint-Martin d'), 18.

Évangélistes (les quatre), vitr., 44.
Évreux, 58; — (la cathédrale d'), 2, 3, 9, 58; — ses vitraux, 28; — (l'église Saint-Taurin d'), 31.
Évreux (l'évêque d'), patron de Nonancourt, 3.
Évreux (l'ancien diocèse d'), 55.
Évron (Mayenne) (l'église d'), 17.

Faucil (Mathurin), trésorier de l'église de Nonancourt, 59.
Femmes (les saintes), dans le Portement de croix, vitr., 39.
Ferrières-haut-Clocher (Eure) (l'église de), 18; — ses vitraux, 28.
Flandrin (Hippolyte), peintre, 48.
Flandrin (Paul), peintre, 48.
Flêtre (Nord) (vitrail dans l'église de), 31.
Fonts baptismaux à double cuvette, 22.
Fonts baptismaux de Nonancourt, 22.
Foubert (Robert) et Suzanne, sa femme, 26.
Fougères (l'église Saint-Léonard de), 10.
Fouquet (Jean), peintre, 28.
France (armes de), 12, 21.
François 1er, roi de France, 27, 43, 52.
Fribourg (Suisse) (la cathédrale de), 10.
Fuite en Égypte (la), vitr., 31.

Gallia Christiana, 1.
Gansel (Thomas), chantre de la cathédrale d'Évreux, 59.
Gasny (Eure) (l'église de), 31.
Gatinet (Jean), chapelain de la cathédrale d'Évreux, 61.
Germain (Léon), 18.
Gisors (l'église de), 2, 9.
Givelet, 35.
Grégoire (la messe de saint), vitr., 37.
Groslay (Seine-et-Oise) (l'église de), 38.
Guérande (Loire-Inf.) (l'église de), 18.
Guy (Louis-François), marguillier de Nonancourt, 56, 57.

Haussaire, sculpteur à Reims, 20.
Hauteterre, hameau de la Madeleine de Nonancourt, 55.

Haye-de-Calleville (la) (Eure), 61.
Hazebrouck (l'église d'), 18.
Henri Ier, roi d'Angleterre, 3.
Henri IV, roi de France, 16, 17, 22.
Hérodiade, dans la Décollation de saint Jean-Baptiste, vitr., 33.
Heurteau, industriel à Orléans, 7.
Histoire de l'église de Nonancourt, 2, 59.
Hôtel-Dieu de Nonancourt, 55.
Houdan (Seine-et-Oise) (l'église de), 10.
Hubert (G.), peintre, 23.

Isle-Adam (Seine-et-Oise) (l'église de l'), 8.
Inscriptions de l'église de Nonancourt, 53.
Instruments de musique (anges jouant de divers), 21.
Issoudun (chapelle de l'Hôtel-Dieu d'), 35.
Ivry-la-Bataille (Eure) (l'église d'), 31.

Jacques le Majeur (saint) enfant, vitr., 27; — assiste à la Transfiguration, vitr., 39.
Jacques le Mineur (saint) enfant, vitr., 27.
Jadart, 35.
Jan (Gabriel), s^r d'Hauteterre, maire de Nonancourt, 55.
Janvier, préfet de l'Eure, 40; — ses armoiries, 40.
Jean (saint), apôtre, vitr., 44; — enfant, vitr. 27; — dans la Transfiguration, vitr., 4; — dans la Cène, vitr., 37; — dans e Portement de croix, vitr., 39. V. Évangélistes (les Quatre).
Jean-Baptiste (saint) baptisant N.-S., vitr., 33; — (Décollation de saint), vitr., 11.
Jésus enfant, au milieu des docteurs, vitr., 25; — (sainte Anne, la Vierge et l'Enfant), vitr., 26. V. Adoration des Mages, Christ, Fuite en Égypte, Vierge à l'Enfant.
Joachim (saint), vitr., 26, 28.
Joseph (saint), vitr., 26, 28; — dans le Mariage de la Vierge, vitr., 27.
Josset (Jacques), entrepreneur de bâtiments à Évreux, 6, 7, 39.

Judas (le Baiser de), vitraux, 24, 39; — dans la Cène, vitr., 37.
Jude (saint) enfant, vitr., 27.

Laborde (Léon de), 35.
Laigle (Orne), 17; — (l'église Saint-Martin de), 19.
Lammerville (Seine-Inf.) (l'église de), 31.
Langlois, 40.
La Quérière (E. de), 28.
Larrons (les Deux) en croix, vitr., 40; — leurs âmes emportées, l'une par un ange, l'autre par un démon, vitr., 40.
Laumônier (les frères), sculpteurs à Conches, 21.
Laurent (saint), vitr., 42. V. Possédée.
Laurent (J.-B.), 56, 57.
Lazare (Résurrection de), vitr., 35.
Le Batelier d'Aviron, 4.
Lebeurier (l'abbé), 4.
Le Bouiller (Édouard-Jean), architecte à Pont-Audemer, 6, 13, 31.
Le Brasseur, 4.
Le Chertier (Gabriel), architecte à Conches, 6, 13, 31.
Le Comte (Maximilien), maire de Nonancourt, 6.
Lecoy de la Marche, 30.
Ledanois (l'abbé), curé de la Madeleine-de-Nonancourt, 3, 52, 61.
Lefebvre (l'abbé P.), curé-doyen de Nonancourt, 21, 57.
Lefort (T.), 56.
Legrand (M. et Mme Georges), 21.
Le Mareschal (Cardin), 54.
Le Mareschal (Jacques), 54.
Le Noël du Perron (Jacques), évêque d'Évreux, 11.
Le Normand (Jean), évêque d'Évreux, 5.
Léonard de Vinci, 26.
Le Prevost (Auguste), 1, 3, 4.
Le Rouyer (Pierre), procureur du roi au bailliage de Nonancourt, 6.
Le Rouyer de la Fosse (Louise-Françoise-Constance), femme de Pierre Revel-Saint-Ange, maire de Nonancourt, 56.
Le Veneur (Ambroise), évêque d'Évreux, 4, 13, 59.

— 67 —

L'Hôpital (Jacques), prieur de l'Hôtel-Dieu de Nonancourt, 55.
L'Hôpital (Pierre), tanneur à Nonancourt, 54.
L'Hôpital (Pierre-Nicolas), directeur des contributions indirectes de l'Eure, 56.
L'Hôpital (Robert), trésorier de l'église de Nonancourt, 59.
L'Hôpital (Mme), 24.
Lillebonne (Seine-Inf.) (l'église de), 8.
Lisieux (l'église Saint-Jacques de), 8, 10, 18.
Lombelon des Essarts (Marie de), femme de François de Clinchamp, marquis de Bellegarde, 57.
Lorraine (la), 18.
Louis (saint), dans le Triomphe de l'Église, vitr., 49.
Louviers (l'église N.-D. de), 2; — ses vitraux, 28.
Lutrin de l'église de Nonancourt, 22.

Madeleine-de-Nonancourt (la), 3, 52, 55, 56.
Mages (l'Adoration des), vitr., 31.
Maine (le), 9.
Malchus, dans la Trahison de Judas, vitr., 39.
Mamers (l'église N.D. de), 18.
Marcelet (Roberde), femme de Cardin Le Mareschal, avocat à Nonancourt, 54.
Marcelet (la famille de), 23.
Marette (G.), peintre-verrier, 27.
Marette père et fils, peintres-verriers à Évreux, 31, 32.
Marette et Duhamel, peintres-verriers à Évreux, 39, 40.
Marguery (Pierre), tabellion en la vicomté d'Évreux, 8, 59, 61.
Marie, sœur de Lazare, vitr., 30.
Marie (les trois), vitr., 42.
Marie-Cléophas et ses enfants, vitr., 29.
Marie-Madeleine (sainte), à laquelle se montre le Christ en jardinier, vitr., 43; — au pied de la croix, fig. sur une cloche, 55.
Marie-Salomé et ses enfants, vitr., 27.
Marsaux (le chanoine), curé-doyen de Chambly, 39.

Marthe, sœur de Lazare, vitr., 30.
Martin (saint) partageant son manteau, sculpt., 16, vitr., 17; — ressuscitant un enfant, vitr., 29; — embrassant un lépreux, vitr., 29; — ressuscitant le serviteur de Lupicin, vitr., 30; — détruisant les idoles, vitr., 31.
Masson, curé de Nonancourt, 56, 57.
Masson (Jacques-Aimé), 56.
Masson (J.-F.), 57.
Massu (André), marguillier de Nonancourt, 56.
Mathurin (ordination de saint), vitr., 33; — (saint) exorcisant Théodora, vitr., 33.
Merlet (L.), 29.
Mesnard (P.), 57.
Mesnil-Mauger (Calvados) (l'église du), 35.
Mesnil-Saint-Denis (Seine-et-Oise) (l'église du), 31, 34.
Meung-sur-Loire (Loiret) (l'église de), 17.
Mézières (Seine-et-Oise) (vitrail à l'église de), 31.
Michel (saint), vitr., 23.
Moïse, dans la Transfiguration, vitr., 39.
Montfort-l'Amaury (Seine-et-Oise) (l'église de), 8, 9, 10, 18; — ses vitraux, 31, 36.
Mont-devant-Sassey (Meuse), 18.
Montmorency (Seine-et-Oise) (l'église de), 8.
Montpezat (tapisseries de), 30.
Morand (Pierre), curé de Nonancourt, 55.
Mortagne (Orne) (l'église de), 8, 9.
Mousson (Meurthe-et-Moselle), 50.
Müller (l'abbé), 34.

Neubourg (Eure) (l'église du), 7, 8.
Neuville près Dieppe (Seine-Inf.) (l'église de), 8, 18.
Nicolas (saint), vitr., 34.
Nogent-le-Roi (Eure-et-Loir) (l'église de), 9; — ses vitraux, 28, 53.
Nogent-le-Rotrou (l'église Saint-Laurent de), 8.
Nonancuriade (la), poème de Jacques Delisle, 2.
Nonus, fondateur de Nonancourt, 2.

Normandie illustrée (la), 1.
Notre-Dame de Béhuard (Maine-et-Loire) (fonts baptismaux de), 22.
Notre-Dame du Désert (prieuré de), aux Baux-de-Breteuil (Eure), 25.
Noulens (J.), 57.

Orgues de Nonancourt, 20.
Ouen (ou Audin), évêque d'Évreux, 3.
Ouzouer-des-Champs (Loiret) (l'église d'), 48.

Painchon (l'abbé), vicaire général d'Évreux, 56.
Papauté (les emblèmes de la), 12.
Parent (Guillaume), seigneur de Boizé, vicomte d'Évreux, 58.
Paris (vitraux de l'église Saint-Étienne du Mont, à), 31, 45, 48 ; — (l'église Saint-Eustache de), 10 ; — (peintures murales de l'église Saint-Germain des Prés de), 18 ; — (le prieuré de Saint-Martin des Champs, à), 30 ; — (l'église Saint-Merry de), 10 ; — (l'église Saint-Nicolas des Champs, à), 29 ; — (l'église Saint-Séverin de), 10.
Passy (Louis), 1.
Paul (saint), vitr., 10 ; — assiste à l'Ascension, vitr., 48 ; — dans le Triomphe de l'Église, vitr., 50.
Pêche miraculeuse (la), vitr., 17.
Pérathon (C.), 20.
Pharisiens, dans la Résurrection de Lazare, vitr., 36.
Philippe-Auguste, 1.
Pierre (saint), vitr., 10 ; — dans la Résurrection de Lazare, vitr., 36 ; — dans la Trahison de Judas, vitr., 39 ; — dans la Transfiguration, vitr., 39 ; — dans la Pêche miraculeuse, vitr., 17 ; — dans le Triomphe de l'Église, vitr., 50. *V.* Apôtres.
Pihan (l'abbé), 31.
Pilate, 21, 25.
Poissy (l'église de), 17.
Poitiers (l'église Saint-Porchaire de), 17 ; — (l'église Sainte-Radegonde de), 17.
Pont-Audemer (l'église Saint-Ouen de), 2, 9, 33 ; — ses vitraux, 53.
Pont-de-l'Arche (l'église de), 7.

Pont-l'Évêque (l'église de), 8, 10, 13.
Portien (scènes de la vie de saint), vitraux, 52.
Possédée délivrée par saint Mathurin, vitr., 33 ; — par saint Laurent, vitr., 43.
Présentateur à la cure de Nonancourt, 3.

Quièvrecourt (Seine-Inf.) (l'église de), 31.

Régnier (L.), 28.
Reine (statue de sainte représentant une), 23.
Renouard (F.), 57.
Reusens (le chanoine), 26.
Revel (François), administrateur de l'Hôtel-Dieu de Nonancourt, 55.
Revel-Saint-Ange (Pierre), maire de Nonancourt, 56, 57.
Rochechouart (Pierre de), évêque d'Évreux, puis de Bayeux, 6, 7.
Rosaire (chapelle de la Vierge ou du), dans l'église de Nonancourt, 11.
Rouen (l'église Saint-Éloi de), 8, 9 ; — (l'église Saint-Nicaise de), 8 ; — (vitraux de l'église Saint-Patrice de), 45 ; — (vitraux de l'église Saint-Vincent de), 28, 31, 45.

Sagittaire (le), 18.
Saint-Benoît-sur-Loire (Loiret) (l'église abbatiale de), 17.
Saint-Bonnet-le-Château (Loire) (l'église de), 10.
Sainte (statue de) indéterminée, 23.
Saint-Esprit (le), sculpt., 10 ; — descendant sur les Apôtres, tableau, 23 ; — dans le Triomphe de l'Église, vitr., 50. *V.* Trinité.
Saint-Étienne-la-Thillaye (Calvados) (vitrail à l'église de), 31.
Saint-Félix (Oise) (fonts baptismaux de), 22.
Saint-Galmier, 35.
Saint-Georges-sur-Eure (Eure) (l'église de), 22.
Saint-Léonard (Oise) (l'église de), 38.
Saint-Lubin-des-Joncherets (Eure-et-Loir), 6 ; — (l'église de), 7, 8, 9, 22.
Saint-Mards (Seine-Inf.) (vitrail à l'église de), 31.

Saint-Philbert-des-Champs (Calvados) (l'église de), 35.
Saint-Quentin (Aisne) (l'église collégiale de), 17.
Saint-Remy-sur-Avre (Eure-et-Loir), 6; — (fonts baptismaux de), 22.
Saint-Riquier (Somme) (l'église abbatiale de), 18.
Saint-Simon, 21.
Salomé, dans la Décollation de saint Jean-Baptiste, vitr., 33.
Salutation angélique (la), vitr., 31.
Sébastien (martyre de saint), vitr., 27.
Serquigny (Eure) (vitraux de), 28.
Simon (saint) enfant, vitr., 27.
Simonnot (Nicolas), fondeur de cloches à Nonancourt, 55.
Sorel (Angélique), femme de Jean Beaufils, subdélégué de Nonancourt, 55.
Statues de l'église de Nonancourt, 21.
Stoltz frères, facteurs d'orgues à Paris, 21.
Stuart (Jacques), 21.
Suzanne (Décapitation de sainte), vitr., 23.

Théodora. V. Mathurin (saint).
Thiollier (F.), 35.
Thoison, 33.
Tillières-sur-Avre (Eure) (l'église de), 9, 11, 19.
Tinturier (Jean), chanoine de la cathédrale d'Évreux, 59.
Tosny (Eure) (l'église de), 17.
Touques (Calvados), 3.
Triel (Seine-et-Oise), 33.
Trinité (la), vitr., 35; — dans le Triomphe de l'Église, vitr., 19.

Trois-Puits (Marne) (l'église de), 35.
Troyes (l'église Saint-Pantaléon de), 9.
Tubac (Jehan et Husson), brodeurs, 29.

Vanhard (Jean), 56.
Vauquelin, membre du conseil général de l'Eure, 58.
Verneuil (Eure) (l'église de la Madeleine de), 8; — (l'église N.-D. de), 9, 10, 19; — (l'église Saint-Laurent de), 19.
Vézillon (Eure) (l'église de), 31.
Vienne (Calvados) (l'église de), 17.
Vierge (la) en gloire, sculpt., 12; — à l'Enfant, statue, 23; vitr., 31; fig. sur une cloche, 55; — instruite par sainte Anne, sculpt., 23; — (sainte Anne, la) et l'enfant Jésus, vitr., 26; — (mariage de la), vitr., 27; — et ses emblèmes, vitr., 31; — (naissance de la), vitr., 31; — dans le Portement de croix, vitr., 39, — dans l'Ascension, vitr., 48; — dans le Triomphe de l'Église, vitr., 50. — V. Adoration des Mages, Fuite en Égypte, Marie (les trois), Salutation angélique, Visitation.
Vilevault, 4.
Villemeux (Eure-et-Loir) (l'église de), 19.
Vinci (Léonard de), 26.
Visitation (la), vitr., 31.
Vitraux de Nonancourt, 21.
Voisin (Maurice), architecte à Évreux, 6.

Zébédée, vitr., 27, 28.

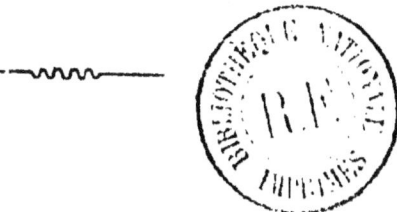

ERRATUM

P. 48, ligne 18. Au lieu de :

….. font des gestes d'étonnement et d'admiration, à l'exception de saint Paul, qui, reconnaissable à son front chauve et à sa barbe, se prosterne et adore silencieusement la puissance infinie de Dieu.

Lire :

….. font des gestes d'étonnement et d'admiration ; seul, l'un des apôtres se prosterne pour adorer silencieusement la puissance infinie de Dieu.

www.ingramcontent.com/pod-product-compliance
Lightning Source LLC
LaVergne TN
LVHW021000090426
835512LV00009B/1986